GETITSTYLE

겟잇스타일

초판 1쇄 발행 | 2014년 12월 17일

지은이 | 스타일 어드바이저
펴낸이 | 이원범
기획·편집 | 김은숙, 홍승희
마케팅 | 안오영
본문디자인 | 이원진
표지디자인 | 강선욱
일러스트 | 김성규

펴낸곳 | 어바웃어북 about a book
출판등록 | 2010년 12월 24일 제2010-000377호
주소 | 서울시 마포구 서교동 394-25 동양한강트레벨 1507호
전화 | (편집팀) 070-4232-6071 (영업팀) 070-4233-6070
팩스 | 02-335-6078

ISBN | 978-89-97382-33-0 03320

남성의 품격과 생존력을 높이는 멋내기 전략

겟잇스타일

GET IT STYLE

스타일 어드바이저 지음

패션에서
비즈니스 매너까지
유능함을 연출하는
스타일링
52

어바웃어북

프롤로그

비즈니스 정글에서는 당신의 바짓단까지 평가한다!

"그 남자는 얼굴은 평범한데 스타일이 참 멋있어", "그 남자는 여자들이 좋아할 스타일이네" 등, 일상에서 '스타일'style이라는 말이 쓰이는 경우는 다양하다. 스타일은 어떤 방식이나 기법을 포괄적으로 의미한다. 스타일을 사람에게 적용하면 옷차림부터 태도까지 범위를 좁힐 수 있다. 내면과 외면을 구분지어 표현하는 우리와 달리 서양에서는 두 가지를 하나로 본다. 그래서 사람의 생각과 가치관(내면)이 자연스레 겉(외면)으로 드러나는 것을 스타일이라고 정의한다.

서양의 CEO들은 자신의 스타일을 기업의 브랜드 이미지에 전략적으로 활용한다. 세계적인 IT 기업 애플의 최고 경영자였던 스티브 잡스는 신제품을 소개하는 자리에서 항상 색이 바랜 청바지와 검은색 터틀넥 니트, 그리고 스니커즈를 매치했다. 잡스의 아이콘이 된 이 스타일은 애플이 기성 기업의 전통적인 틀에서 벗어나 혁신과 도전을 모토로 삼겠다는 강한 의지의 표현이었다.

CEO가 옷차림을 통해 직설적으로 기업의 메시지를 전달하는 사례도 있다. 한때 '쓰러져가는 코끼리'라고 불리던 IBM을 부활시킨 루 거스너는 회장 취임 직후부터 블루 셔츠를 즐겨 입었다. 관습에 얽매여 변화를 거부하던 화이트칼라로 대표되는 기존 조직을 개혁하겠다는 의지를 셔츠 하나로 표현한 것이다. 이렇듯 비즈니스 리더들은 비즈니스 판도를 자신에게 유리하게 바꾸기 위해 사소한 옷차림새 하나까지 전략적으로 활용한다.

시대가 변하면서 많이 달라졌다고 하지만 아직까지도 '집히는 대로' 또는 '아내가 골라주는 대로' 옷을 입는 남성들이 많다. 그러나 비즈니스맨의 스타일은 단순히 멋을 내는 것을 떠나서 생존의 문제와 직결되기도 한다.

보수적인 분위기의 기업 면접 자리에 같은 스펙을 갖춘 두 명의 남성이 앉아 있다고 가정해 보자. 한 사람은 패션 화보에서 막 튀어나온 듯 최신 유행을 반영한 세련된 옷차림에 고가의 손목시계로 멋을 냈다. 또 한 사람은 하얀 셔츠와 짙은 남색 슈트로 무난하면서도 깔끔하게 연출했다. 면접관이 어떤 사람에게 더 높은 점수를 줄까? 사풍을 감안하자면 후자가 더 높은 점수를 받을 것이다. 회사에 입사하기 위해 채워야 할 곳은 이력서가 다가 아니다. 이력서의 내용을 시각적으로 압축해 표현하는 것이 바로 면접 자리에서의 스타일이다.

물론 어떤 옷을 입고 어떻게 보이느냐가 한 사람을 평가하는 가장 중요한 기준이라고 단정할 수는 없다. 어울리지 않는 옷을 입었더라도 인성과 사고의 깊이가 깊다면 매력을 풍길 수 있다. 하지만 세상살이는 그 사람의 내면 깊은 곳까지 이해하고 판단할 만큼 한가롭지 않다. "첫인상은 6초 안에 결정된다"라는 말이 있다. 비즈니스의 흐름을 자신에게 유리한 쪽으로 바꿀 수 있는 시간은 고작 6초에 불과하다. 얼굴에 1초, 목소리, 자세, 태도 등에 5초. 6초면 당신에 대한 첫 번째 평가가 종료된다. 당신의 능력이나 인성에 대한 평가는 그다음이다. 6초 동안 상대를 내 편으로 만들지 못했다면 당신의 내면을 보여줄 기회조차 얻지 못할 것이다.

이미지 컨설턴트로 일하는 동안 스타일 관리에 소홀해서 본인의 능력보다 낮은 평가를 받고 자신감을 잃은 비즈니스맨들을 수도 없이 봐왔다. 그들 중 대부분은 본인에게 어떤 스타일이 어울리는지조차 모르는 경우가 태반이다. 자신의 연봉에 걸맞지 않게 고가의 명품으로 치장한 남성, 어떤 상황에도 늘 같은 색의 넥타이를 매는 남성, 배가 나온 체형을 커버하려고 헐렁한 슈트만 입는 남성, 아들이 입던 화려한 색상의 패딩 점퍼를 슈트 위에 입는 남성 등 모두 스타일과 전략이 조화를 이루지 못한 결과들이다.

이 책은 남성의 품격과 생존력을 동시에 끌어 올려줄 52가지 스타일링 노하우를 소개한다. 52가지 스타일은 단순히 멋있고 매력적으로 보이기 위한 코디법이 아니다. 상대방의 마음을 쥐락펴락하는 상의 앞 단추 잠금 요령, 신뢰감을 주는 넥타이 색상, 장소와 상황에 맞는 향수 사용법 등 정글 같은 비즈니스 세계에서 살아남기 위한 전략이 녹아든 멋내기 법칙들이다. 이 책은 비즈니스 정글에 첫 발을 내딛은 젊은 남성뿐 아니라 잘못된 스타일링으로 저평가 받고 있는 중년 남성들에게 든든한 조력자가 되어줄 것이다.

스타일 어드바이저

CONTENTS

Part 3. Get It Clean

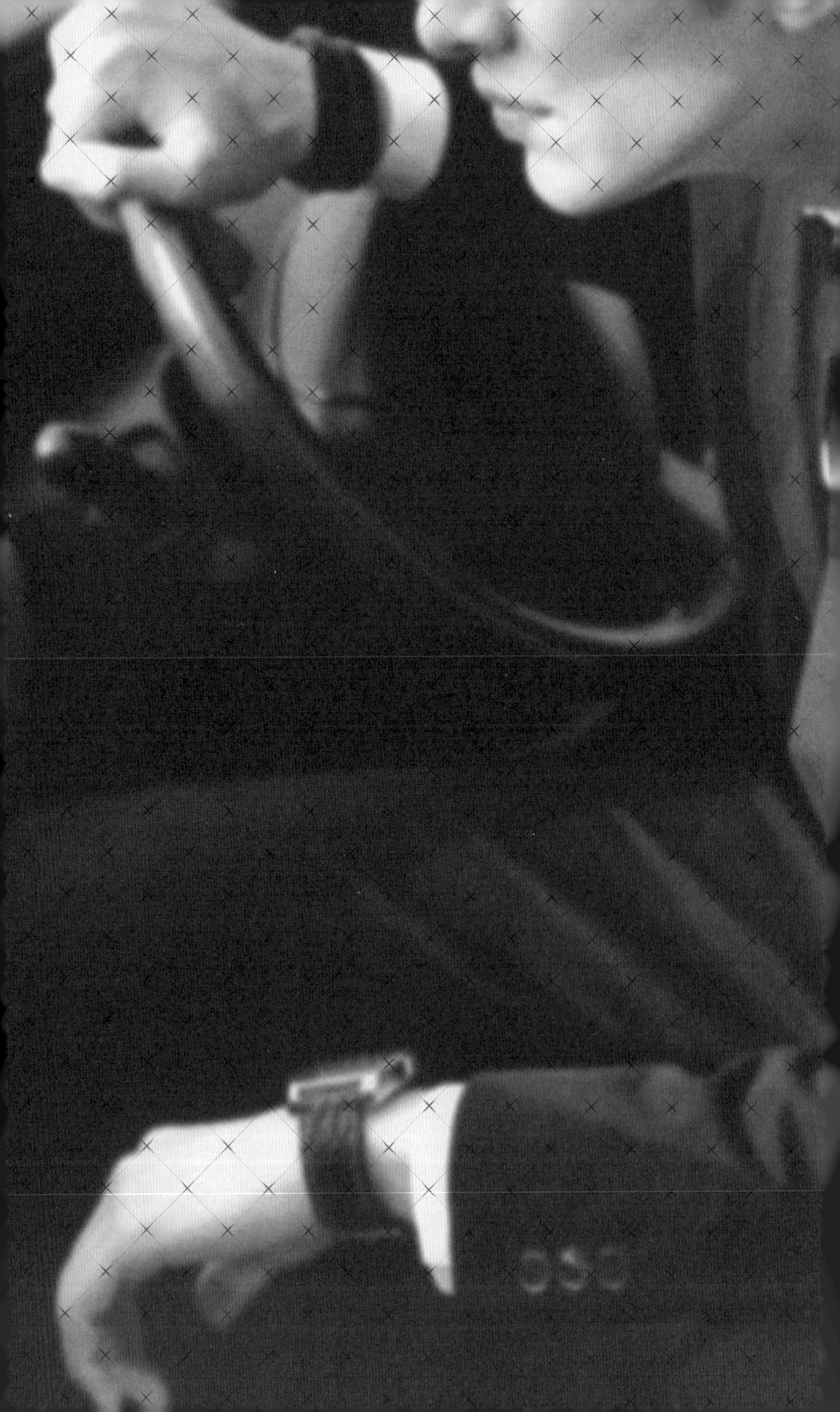

Part 1. Get It Fashion

상의 앞 단추에서 읽히는 몸짓의 심리학 • 저주 받은 체형을 커버하는 재킷 단추 스타일 • 남자의 액세서리, V존 • 남자는 뒷모습으로 말한다 • 숏다리를 롱다리로 보이게 만드는 바지 밑단의 비밀 • 외투 한 벌에서 읽히는 남자의 품격 • 1년 입고 버리는 옷과 10년을 입어도 못 버리는 옷의 차이 • 아웃렛에서 산 슈트를 신상 아르마니처럼 연출하는 비법 • 결전의 날, 부족한 자신감은 가죽으로 충전하라 • 남자의 발끝에 힘을 실어주는 구두 • 남자의 미래가 궁금하다면 지갑을 살펴라 • 손목시계는 남자의 또 다른 자아다 • 비즈니스맨은 안경 하나도 전략적으로 고른다 • 촌스럽거나 세련되거나, 인상을 좌우하는 발목 노출 원칙 • 고작 패션, 그래도 역시 패션!

상의 앞 단추에서 읽히는 몸짓의 심리학

오바마 대통령이 연설하는 모습을 본 적 있는가? 그는 의자에 앉아 있다가 일어서서 단상으로 향할 때면 언제나 상의 앞 단추를 채운다. 이 모습은 언제 보아도 스마트한 느낌이다. 자리에 앉아 있을 때는 편안하게 앞 단추를 풀어둔다. 하지만 국민 앞에 서서 연설할 때에는 격식을 갖추어 앞 단추를 채운다. 이러한 태도는 청중에 대한 경의를 표현한다는 의미에서 매우 바람직하다.

장소와 상황에 따라 단추 채움을 구분하는 오바마 대통령.

첫인상만큼 강렬한 상의 앞 단추

상의 앞 단추가 주는 인상은 생각보다 강렬하다. 거리를 걷다 보면 상의에 단추가 두 개 달려 있으면 두 개, 세 개 달려 있으면 세 개를 모두 채운 비즈니스맨들을 많이 접하게 된다. 특히 신입 사원들은 대부분 그렇다. 이렇게 하면 T.P.O(시간, 장소, 상황)에 부적절한 단추 채움으로 실수할 일도 없고 상의 앞 단추를 모두 열었을 때보다는 단정하게 보인다. 하지만 모든 단추를 꼭 채우고 있는 모습은 여유가 없는 사람이라는 인상을 주기도 한다.

필자에게 직원 연수를 의뢰한 어떤 회사에서 한 사원이 프레젠테이션을 할 때 있었던 일이다. 그는 긴장한 나머지 딱딱하게 굳은 상태로 앉아 있는 내내 상의 앞 단추를 채우고 있었다. 그런데 정작 자리에서 일어서서 프레젠테이션을 하러 가는 도중에는 단추를 모두 풀고 말았다. 긴장을 해소하기 위해 무의식적으로 한 행동이겠지만 무척 안타까운 장면이었다.

반면 시종일관 상의 앞 단추를 모두 풀어놓고 있는 것도 바람직한 모습은 아니다. 단추가 모두 풀어져 있으면 당연히 상의는 벌어지게 된다. 이 모습은 격식을 갖추지 않은 자연스러운 분위기 속에서는 상대에 대한 열린 마음을 표현하기도 하지만, 자칫 '정돈'과는 거리가 먼 사람이라는 인상을 심어줄 수도

단추를 채우느냐 푸느냐에 따라 같은 슈트라도 다른 느낌을 연출할 수 있다.

있다. 즉 현명한 비즈니스맨이라면 때와 장소에 따라서 단추를 풀고 채우는 방법을 알아야 한다.

투 버튼

뚱뚱한 루이 16세 때문에 생긴 단추 여밈 규칙?

상의 앞 단추는 어떻게 채워야 할까? 이에 관한 재미있는 에피소드 하나를 소개해볼까 한다. 넥타이의 아버지로도 잘 알려진 영국인 보 브럼멜Beau Brummell은 순백의 마로 만든 셔츠와 장식 없이 몸에 딱 맞는 재킷을 즐겨 입고, 이것을 17세기 영국 신사복의 기본 원칙으로 만든 패션 디자이너다. 프랑스의 루이 16세와 절친한 사이이기도 했던 보 브럼멜은 살이 쪄 조끼 맨 아래 단추를 잠그지 못한 루이 16세를 놀리는 귀족들에게 "진정한 신사는 조끼의 마지막 단추를 채우지 않습니다"라고 말했다고 한다. 워낙 패션 리더로 유명했던 보 브럼멜의 말이다 보니 그 이후로 조끼 맨 아래 단추를 채우지 않는 것이 유행이 돼 유럽 전역으로 퍼져 나갔다.

스리 버튼

온전히 보 브럼멜이 했던 말 때문은 아니지만 현대 사회에서도 상의 단추는 가장 아래 한 개만 풀어두는 것이 정석이다. 예를 들어 단추가 두 개인 투 버튼 재킷은 위에 한 개를 채우고 아래 한 개는 풀어두면 된다. 단추가 세 개인 스리 버튼 재킷이라면 위에 두 개는 채우고 맨 아래 한 개만 풀면 된다. 조끼까지 갖춘 스리피스 슈트를 입은 상태라면 재킷 단추는 모두 풀어도 괜찮다.

스리피스

비즈니스 현장에서 입는 슈트는 '일을 위한 복장'이다. 다시 말해 걷기 편하고 활동이 수월해야 한다. 그렇기 때문에 가장 아래 단추는 한 개를 풀어 활동성을 확보하는 것이 바람직하다.

시대에 따라 변화해온 단추 여밈 규칙

이러한 규칙은 복식(服飾)의 진화에 따라 차츰차츰 변화해왔다. 단추의 역사는 고대 이집트 시대까지 거슬러 올라간다. 이집트 시대의 단추는 두 개의 옷자락을 겹치게 한 뒤 동물 뼈나 금속핀 등으로 찔러 끼우는 단순한 형태에 불과했다. 옷을 여미는 게 주목적이었으니 당연하게도 단추를 채우는 데 별 다른 규칙은 없었다. 그 후 구슬 모양의 금속 단추를 고리에 끼우는 형태가 등장하자, 사람들은 의복의 장식 요소로 단추를 의식하기 시작했다. 여담이지만 고리에 끼운 단추가 마치 꽃봉오리처럼 생겼다고 해서 라틴어로 '봉우리'bouton라고 부르던 것이 지금의 '단추'button가 되었다고 한다.

13세기경 유럽에서는 단추가 지위나 신분을 나타내는 데 쓰였다. 단추의 장식적인 면이 강조되면서 옷과 장갑 등에 많은 단추를 달아 화려하게 장식했고, 신체의 곡선미를 드러내기 위해 단추는 모두 채웠다. 그러다가 현대 사회에 이르러서는 실용성을 고려하여 맨 아래 한 개는 풀어두는 것이 표준이 되었다.

고대의 단추(위) 모습과 중세의 단추(아래) 모습.

옷을 입는 데 이러한 단추의 역사적 흐름까지 세세히 알아둘 필요는 없다. 하지만 기본을 알아두어야 상황에 맞춰 응용도 할 수 있음을 잊지 말도록 하자.

저주 받은 체형을 커버하는 재킷 단추 스타일

슈트에서 단추는 기능적인 것뿐 아니라 인상을 좌우하기도 한다. 몇 년 전까지만 해도 비즈니스 슈트는 스리 버튼이 유행했는데, 최근에는 투 버튼을 선호한다. 젊은 세대들은 유행에 따라 슈트를 고르는 한편, 중년층들은 젊을 때부터 즐겨 입던 스타일을 고수하는 경향이 있다. 그 때문인지 50대 이상인 남성들이 더블, 더 정확하게 말하자면 더블 브레스티드(Double breasted, 두 줄 단추) 슈트를 입은 모습을 종종 보게 된다. 이것은 젊은 시절 유행을 화석처럼 고착시킨 패턴이라고 할 수 있다.

스리 버튼, 투 버튼에 이어 '더블 브레스티드'라는 용어가 나오니 머리 아픈 독자분도 계시리라 생각한다. 이번에는 슈트의 다양한 단추 스타일에 대해 알아보도록 하겠다.

단추 하나로 10년이 젊어 보인다

간단히 말하면 단추가 한 줄로 달린 것이 싱글 브레스티드Single breasted, 두 줄로 달린 것이 더블 브레스티드다. 비즈니스용으로는 주로 싱글 브레스티드가 선호된다. 더블 브레스티드는 중후한 느낌을 주기 때문에 40대 이상에게 어울린다.

싱글 브레스티드에서 가장 기본적인 스타일은 단추가 세 개 달린 스리 버튼 재킷이다. 롤링다운Rolling-down 모델은 스리 버튼이기는 하지만 가장 윗부

분 단추는 잠그지 않고 연 상태로 입기 때문에, V존의 길이가 투 버튼과 스리 버튼의 중간 정도다.

스리 버튼 롤링다운 모델처럼 몸의 중심이 목부터 가슴 부근에 있으면 상대적으로 젊어 보인다. 젊고 활동적인 이미지를 원한다면 스리 버튼 롤링다운 모델이 적합하다. 반면 안정된 인상을 주고 싶어 하는 사람들은 균형이 아래쪽에 놓이는 투 버튼이 좋다.

얼굴이 활기차고 강한 인상인 사람은 투 버튼을, 깔끔하고 단조로운 인상인 사람들에게는 스리 버튼 롤링다운 모델이 잘 어울린다. V존이 짧은 스리 버튼은 얼굴 가까운 쪽으로 넥타이나 셔츠가 집중되기 때문에 갑갑한 인상을 줄 수 있다. 얼굴이 검은 사람이 입었다가는 더욱 답답한 느낌을 줄 가능성이 있으므로 주의하자.

롤링다운

체격의 단점을 보완하는 재킷 단추 스타일

키와 체격도 고려하여 단추 스타일을 결정해야 한다. 필자의 고객 가운데 한 명은 키가 무려 195센티미터다. 몸은 야윈 편이지만 투 버튼 재킷을 추천한다. 스리 버튼을 입으면 키에 비해 V존이 짧아 보여 옹졸한 사람처럼 보인다. 또한 스리 버튼은 몸의 중심이 자연스럽게 위로 올라가서 키가 더 커

보이기 때문에 키가 작은 사람에게 비교적 적합하다.

키 180센티미터에 체격이 좋은 고객에게도 투 버튼을 추천한다. 가슴이 넓은 사람이 스리 버튼을 입으면 V존의 면적이 너무 좁아져서 답답해 보이기 때문이다.

키 168센티미터에 체격이 좋은 사람에게는 투 버튼, 165센티미터에 야윈 사람에게는 스리 버튼 롤링다운 모델을 추천한다. V존의 면적이 넓으면 야윈 체격이 더욱 부각되고 자칫 빈곤한 인상을 줄 수도 있기 때문이다. 어깨와 가슴이 넓고 든든한 사람에게는 망설임 없이 투 버튼을 추천한다. 요컨대 재킷은 투 버튼인지 스리 버튼인지 그 자체보다는 V존의 길이와 면적이 선택 포인트다.

더블 브레스티드

이처럼 인상이나 키, 체격 그리고 자신이 원하는 이미지에 따라 선택하는 재킷 유형이 각각 달라진다.

뿐만 아니라 옷감의 소재도 함께 고려해서 디자인을 선택하면 더욱 좋다. 예를 들어 플란넬이나 캐시미어처럼 차분한 옷감은 스리 버튼 재킷으로 디자인했을 때 소재의 느낌을 잘 살리지 못한다. 오히려 투 버튼으로 안정되고 시크한 이미지를 연출했을 때 소재의 느낌이 잘 살아난다.

최근 비즈니스 캐주얼용으로 자주 활용되는 트위드

소재 역시 투 버튼으로 디자인했을 때 잘 어울린다. 균형을 아래쪽에 두는 편이 듬직한 인상을 주며 소재의 장점을 잘 살릴 수 있기 때문이다.

'신사의 품격'이 살아 숨 쉬는 스리피스 슈트

슈트는 그 역사와 유래가 상당히 깊다. 슈트의 완결편이라고 할 수 있는 스리피스 슈트는 그러한 사실을 몸소 느끼게 해주는 옷차림이다.

베스트(조끼)가 포함된 스리피스는 가슴이 좁은 체형의 아시아인에게 잘 어울리는 스타일로, 매우 신사적인 느낌을 준다. 물론 재킷과 함께 입었을 때도 그렇지만, 스리피스가 가장 빛을 발하는 순간은 재킷을 벗었을 때다. 재킷을 벗고 셔츠만 입고 앉아 식사를 하는 남성과 조끼를 입은 남성의 모습을 비교해서 상상해보자. 아무리 생각해도 후자가 세련된 인상을 자아낸다.

30대 남성에게는 다소 어울리지 않을 수도 있지만, 40대가 넘어 스리피스를 입으면 그야말로 '신사의 품격'이 느껴진다. 스리피스 차림의 멋진 신사들이 넘쳐나는 바에서 잔을 기울이며 그들을 바라보는 것이 필자가 꿈꾸는 노후의 풍경이다.

스리피스 슈트를 입을 때 보통 조끼 단추는 4~6개 사이로 선택하지만 자신의 신장에 따라 선택하는 것이 좋다. 아무래도 키가 작은 남성은 단추가 과하면 자칫 작은 키가 부각될 수 있으므로 네 개 정도만 다는 것이 좋다. 평균 키의 남성이라면 자신에게 어울리는 V존의 면적을 고려하여 선택하도록 하자.

03

남자의 액세서리, V존

데이트나 비즈니스 상담 등 남성과 정면으로 마주 앉게 되는 상황은 다양하다. 비즈니스 현장에서라면 슈트 차림으로 있는 남성의 'V존'이 자연스럽게 눈에 들어온다. V존이란 슈트와 셔츠, 넥타이가 만나는 가슴 부분을 말하며 남성 정장 패션의 핵심이다.

전신의 모습을 볼 수 없는 상황에서 V존은 그 사람의 센스를 확연하게 엿볼 수 있는 공간이다. V존만 신경 써도 이미지가 달라질 수 있다. 남성의 품격을 더하기 위한 V존의 기본 원칙을 알아보자.

V존의 면적에 따라 달라지는 스타일링법

V존은 슈트 재킷이 투 버튼이냐 스리 버튼이냐에 따라 면적이 달라진다. 투 버튼일 때는 V존이 넓어지고, 반대로 스리 버튼일 때는 V존이 좁아진다. 얼굴형별로 어울리는 헤어스타일이 있듯이 V존 역시 면적에 맞게 스타일링하는 요령이 필요하다.

넓은 면적의 V존에는 강렬한 색과 무늬가 들어간 셔츠와 넥타이를 매치하면, 자칫 지나치게 화려하고 품위가 없어 보일 수도 있다. 반대로 좁은 면적에 너무 많은 장식을 해도 답답한 인상을 주게 된다. V존이 좁을 경우 되도록 눈에 띄지 않게 무늬가 없는 넥타이나 화려하지 않은 잔무늬 넥타이가 바람직하다. 폭이 넓은 줄무늬 넥타이는 좁은 V존보다는 넓은 V존에 적합하다.

또한 V존의 면적에 따라 그 사람의 인상 자체가 달라 보이기도 한다. 사내 광고 모델로 활약 중인 고객 H씨가 있다. 그가 처음으로 사무실에 찾아왔을 때 착용했던 넥타이는 무척 충격적이었다. 빨간 번개무늬 넥타이가 개성 넘쳐 보이기는 했지만, 지하상가 가판에서 세 개에 얼마씩 묶어 파는 물건 같은 느낌을 주었다. 그런 넥타이에 투 버튼 재킷, 그리고 공무원처럼 새하얀 셔츠를 입고 있었다.

H씨를 위한 코디네이션의 방향은 이렇게 잡아보았다. 젊어 보이는 얼굴과 밝은 성격에 초점을 맞추어 스리 버튼 재킷에 밑단이 접힌 더블 커트 팬츠, 넥타이는 무늬가 없는 심플한 디자인을 추천했다. 그랬더니 V존은 좁아지고 허리의 위치는 높아져서 매우 경쾌한 인상이 완성되었다.

세련된 V존을 연출하기 위해 알아야 할 조합의 법칙

V존을 세련되게 연출하기 위해서는 셔츠와 넥타이, 슈트의 밸런스까지 고려해서 스타일링하는 것이 포인트다.

하얀 셔츠를 입었을 경우 넥타이 초이스는 비교적 간단하다. '레지멘탈 타이'Regimental tie라고도 하는 줄무늬 넥타이는 젊고 상큼한 인상을 준다. 거기에 작은 무늬가 새겨져 있다면 안정된 인상을 더한다. 무늬가 없는 넥타이는 세련되고 멋스러운 인상을 풍기지만, 소재가 너무 얇을 경우 다소 수수하고 허전해 보일 수도 있으므로 주의해야 한다.

줄무늬 셔츠와 조합할 경우 무늬가 없거나 잔무늬가 들어간 넥타이가 무난하다. 줄무늬 넥타이를 선택한다면 셔츠에 있는 줄무늬보다 폭이 넓은 디

하얀 셔츠는 어떤 넥타이와도 무난하게 어울리지만 줄무늬 넥타이와 매치하면 세련되어 보인다.

줄무늬 셔츠에는 무늬가 없는 넥타이가 어울린다.

클레릭 셔츠에는 잔무늬가 살짝 들어간 넥타이나, 무늬가 없는 단순한 디자인의 넥타이가 어울린다.

자인이 좋다. 이러한 균형이 잘 맞는다면 매우 멋스러운 인상을 풍긴다. 너무 진한 줄무늬 셔츠는 넥타이와 조화를 이루기 어려우니 주의하자. 또한 얼굴색이 어두운 사람은 줄무늬 셔츠를 입으면 자칫 답답한 인상이 될 수 있으므로 되도록 단순한 셔츠를 고르는 것이 좋다.

'클레릭 셔츠'Cleric shirt는 칼라나 커프스만 하얀색이고, 다른 부분은 줄무늬나 색깔이 있는 셔츠다. 넥타이와 조화를 맞추기 어려운 셔츠지만 최근 NHK의 한 젊은 멋쟁이 앵커가 훌륭하게 소화하고 있다. 덧붙여 클레릭 셔츠는 V존이 짧을 경우 추천하지 않는 아이템이다.

V존을 완성하는 넥타이 매듭법

당신이 알고 있는 넥타이 매듭법은 몇 개나 되는가? 이번 기회에 넥타이 연출법을 제대로 공부하고 자신에게 어울리는 넥타이 매듭법을 익혀보자.

| 윈저 노트 |

영국의 왕 에드워드 8세, 윈저공이 즐겨 매던 스타일로 스프레드 칼라의 넓은 공간을 채워주는 매듭법이다. 좌우로 두 번 매듭을 짓기 때문에 매듭 자체가 커지므로 너무 두꺼운 타이는 피한다. 매듭 모양이 단단하고 강해서 얼굴이 약간 작으면서 둥글거나 갸름한 남성들이 하면 잘 어울리는 넥타이 연출법이다. 공식적인 자리에 잘 어울린다.

| 하프 윈저 노트 |

윈저 노트에서 좌우로 두 번 돌리는 절차를 한 번으로 줄인 매듭법이다. 윈저

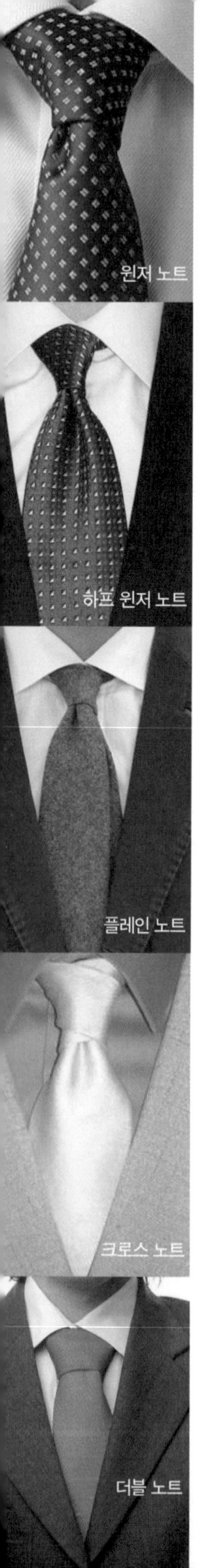

노트의 매듭이 너무 크다고 생각될 경우에 적합한 매듭법으로 꽉 조여주면 멋스럽게 연출할 수 있다. 와이드 넥타이보다는 폭이 좁고 컬러감이 화려한 레귤러 넥타이에 좀 더 잘 어울리는 연출법으로 윈저 노트보다 세련되고 간결한 이미지를 준다.

| 플레인 노트 |

가장 기본적인 매듭 방법으로 19세기 중반까지 넥타이의 주를 이루었던 나비매듭에 이어 등장했다. 캐주얼한 옷차림에 잘 어울리며 매듭 바로 아래쪽에 주름이 생기지 않도록 잡아주는 것이 포인트다. 목이 짧거나 굵은 형, 얼굴이 각진 사람에게 가장 잘 어울린다.

| 크로스 노트 |

플레인 노트와 같은 형태의 매듭에 중앙을 교차하는 사선 하나가 생기는 스타일의 매듭법이다. 매듭의 형태가 눈에 띄는 형이므로 단순한 스타일과 컬러의 넥타이에 어울린다.

| 더블 노트 |

쉽게 말해 넥타이를 두 번 돌려 매듭을 두껍게 만드는 매듭법이다. 비즈니스 슈트에 연출하면 스마트하고 센스 있는 인상을 줄 수 있다.

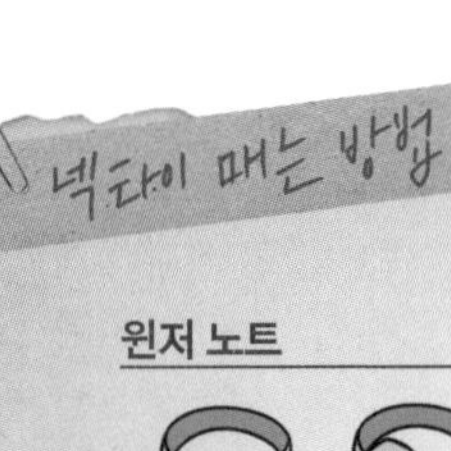

윈저 노트

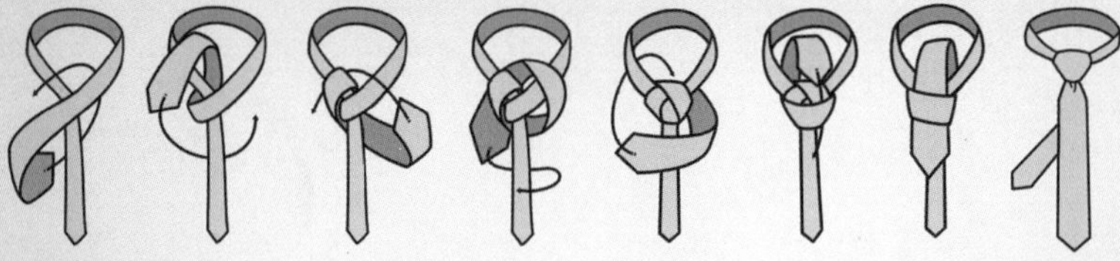

하프 윈저 노트

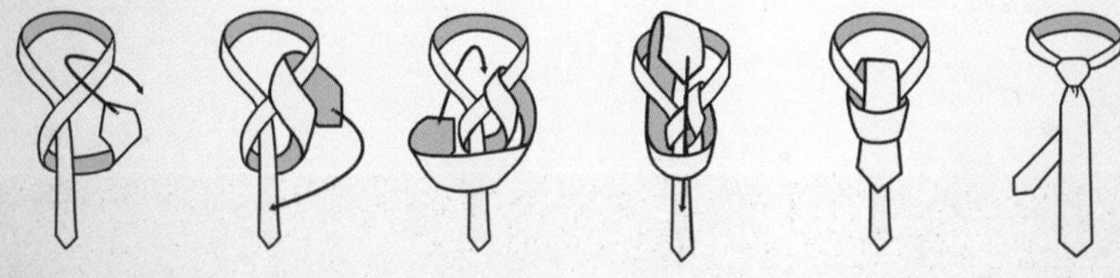

플레인 노트

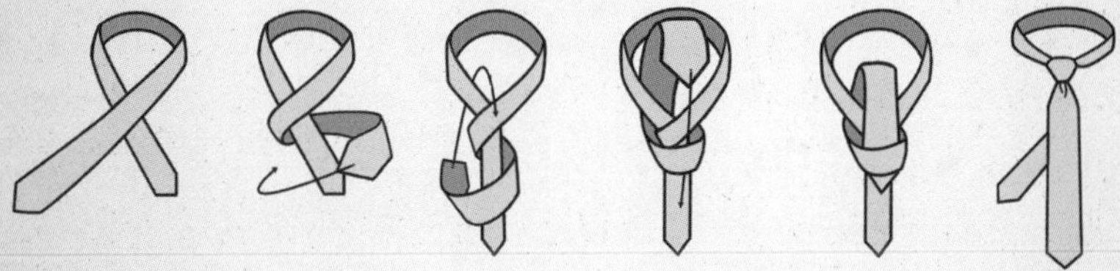

크로스 노트

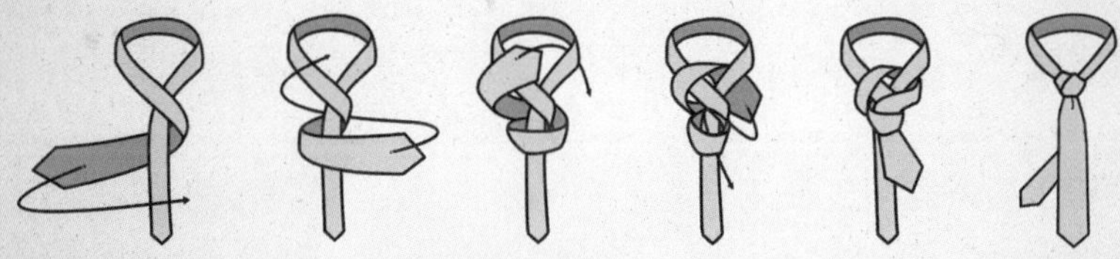

더블 노트

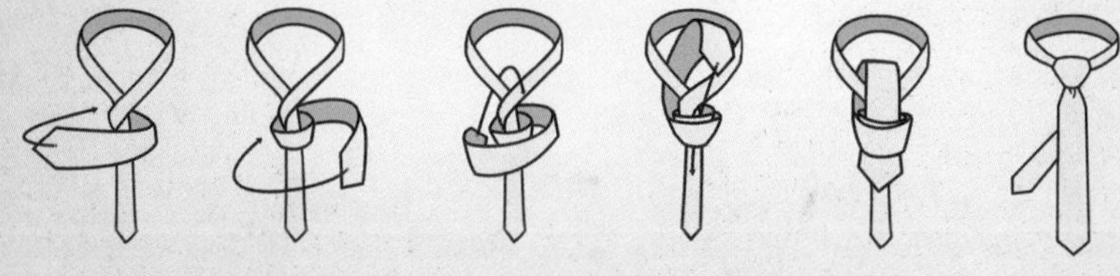

남자는 뒷모습으로 말한다

슈트를 입은 남성의 뒷모습은 여성의 마음을 설레게 만드는 힘이 있다. 남성의 뒷모습을 통해 그 사람이 일하는 방식이나 태도 등을 상상하며 연애 감정을 품는 여성도 있다고 한다. 필자 역시 탄탄한 어깨의 남성이 몸에 잘 맞는 슈트를 갖춘 채 열정적으로 일하는 모습을 보면, 왠지 모르게 의지하고 싶어질 때가 왕왕 있다. 요컨대 잘 가꾸어진 남성의 뒷모습은 남성의 매력을 어필할 수 있는 강력한 무기 중 하나인 것이다.

남성의 뒷모습을 완성시켜주는 슈트

요즘 거리를 활보하는 비즈니스맨들의 뒷모습을 관찰하다 보면 어깨가 헐렁헐렁한 스타일의 슈트에서부터, 어깨와 등이 꽉 끼고 길이가 짧아 엉덩이가 고스란히 드러나는 슈트까지 실망스러울 때가 종종 있다. 슈트의 본고장 영국에서는 남성의 뒷모습이 그 사람의 인생을 나타낸다고 생각한다. 영국적인 관점에서 본다면 이러한 스타일은 '미숙한 인생'의 상징인 것이다.

슈트는 유럽 상류 사회 귀족들이 입던 군복에서부터 진화했다. 그래서 귀족들이 중시하는 전통과 명예가 슈트에 담겨 있다. 세월이 흘러 문화와 시대가 달라졌어도 그러한 전통은 쉽게 변하지 않는다. 군복이란 그것을 입는 개인이 마음대로 변형하여 입는 자율 복장이 아니다. 슈트 역시 군복과 마찬가지로 세밀하게 정해진 법칙들이 존재한다.

세계적인 명품 브랜드 휴고 보스(Hugo Boss)는 제2차 세계대전 당시 독일 군에게 군복을 만들어 납품하던 업체였다. 특히 나치 군의 군복을 제작한 것을 계기로 대중들에게 강렬한 이미지를 심었다. 또한 이때의 노하우는 이후 슈트 브랜드로 성장하는 밑바탕이 되었다.

아빠 옷을 걸친 꼬마아이 같은 실루엣은 No!

어떻게 하면 슈트를 멋지게 연출할 수 있을까? 슈트는 실루엣이 가장 중요한 복장이기 때문에 체형에 맞는 슈트를 선택하는 것이 관건이다. 남자 나이 마흔 정도가 되면 맞춤 정장에 도전해 보는 것도 괜찮은 방법이다. 비용이 부담스럽다면 기성복과 맞춤복의 중간 성격인 '세미오더'Semi-order 방식도 적당하다.

이것조차 어렵다면 기성복 구입 시, 어깨 치수 등을 정확하게 측정한 후 수선하는 정도의 정성은 기울여야 한다. 실제로 필자가 자주 애용하는 한 신사복 매장에서는 고객의 요구에 맞추어 어느 정도까지는 수선을 해준다.

어깨가 좁거나 밋밋한 사람이라면 어깨 패

드 등을 활용해도 좋다. 재킷은 엉덩이 아래 부분까지 깔끔하게 내려오는 편이 바람직하지만, 활동적인 인상을 주고 싶다면 약간 짧게 해도 괜찮다. 관록 혹은 안정감을 표현하고 싶다면 재킷의 길이를 약간 길게 할 수도 있다. 하지만 재킷의 길이는 신중하게 선택해야 한다. 길이가 너무 짧으면 자칫 미숙하고 위태로운 인상을 줄 수도 있다. 반면 길이가 너무 길면 촌스럽고 둔한 인상을 남길 수도 있으므로 주의를 기울여야 한다.

뒷모습의 인상을 좌우하는 뒤트임

슈트를 입었을 때, 멋진 뒷모습을 좌우하는 것 중 하나가 바로 뒤트임 스타일이다. 뒤트임의 종류로는 중앙에 한 군데가 트인 '센터 벤트'Center vent, 옷자락 좌우로 두 군데가 트인 '사이드 벤트'Side vent, 트임이 없는 '노 벤트'No vent 등이 있다.

슈트 뒤트임 스타일

사이드 벤트

엉덩이가 큰 체형에 어울리며 권위가 느껴진다.

센터 벤트

마른 체형에 어울리며 활동적인 인상을 준다.

노 벤트

어떤 체형에도 어울리며 우아한 인상을 준다.

센터 벤트는 승마를 할 때 재킷 옷자락이 말려 올라가지 않고 잘 펼쳐지도록 하기 위해 고안되었다. 사이드 벤트는 허리에 긴 칼을 찼을 때 칼집이 멋지게 뒤쪽으로 드러나 보이도록 설계한 군용 벤트다. 노 벤트는 움직임이 많지 않을 때, 말하자면 격식을 차린 자리에서 입는 옷이다. 그렇기 때문에 센터 벤트는 활동적인 인상을 사이드 벤트는 권위 있는 인상을 노 벤트는 지적인 인상을 남긴다. 이러한 의미를 알고 상황에 따라 연출하고 싶은 인상의 뒤트임을 선택하는 것도 재킷 연출 노하우 가운데 하나다.

체형을 고려한다면 엉덩이가 큰 사람에게는 사이드 벤트가 적당하다. 센터 벤트는 엉덩이가 크면 벌어진 상태가 되기 때문에 뒷모습이 썩 보기 좋지는 않다. 노 벤트는 어떤 체형에도 어울리며 우아한 분위기를 연출하고 싶을 때 적합하다. 벤트의 종류 그 자체보다는 엉덩이 주변이 자연스럽게 딱 맞는 차림이 훌륭한 뒷모습을 위한 포인트다.

슈트는 벤트 하나만 살펴보더라도 그 기능이 다양하다. 따라서 이러한 차이를 자세히 알게 되면 의상 선택 및 자신의 이미지 관리에 큰 도움이 된다. 스스로를 객관적인 눈으로 평가하고 매력적인 뒷모습을 만들기 위한 노력, 그것은 자신이 작성한 기획서를 다양한 각도에서 객관적으로 검토하며 완성하는 과정과 같다.

05

숏다리를 롱다리로 보이게 만드는 바지 밑단의 비밀

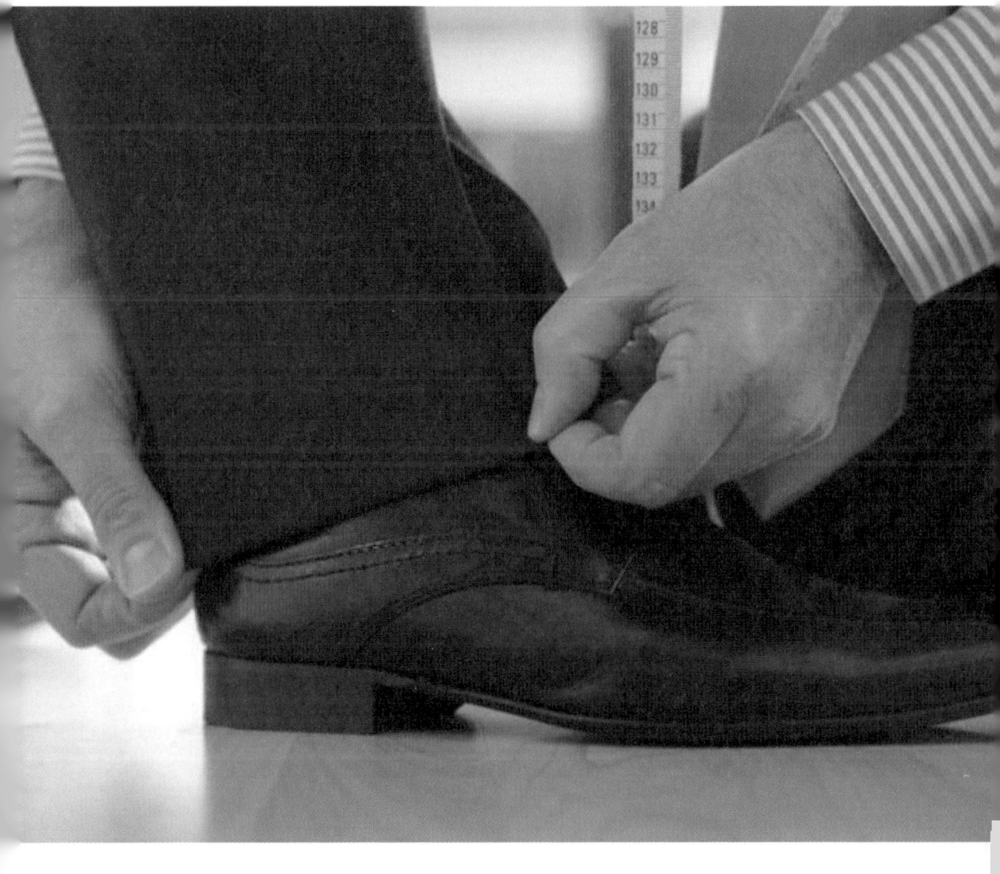

최근 들어 거리나 지하철에서 바지 밑단을 접지 않은 싱글 커트 차림의 남성들을 많이 만나게 된다. 2000년도에는 바지 밑단을 접은 더블 커트 차림의 남성이 많았다. 그런데 최근 유행을 살펴보면 남성들의 슈트도 실용성과 동시에 우아함을 추구하게 된 듯하다. 시대적 흐름에 따라 유행이 변하듯 바지 밑단도 사회 분위기에 맞춰 변화해온 것이다.

그러나 대부분의 남성들은 어째서 자신이 싱글 커트 바지를 입게 되었는지 알지 못한다. 또 바지 밑단을 어떻게 수선해야 하는지 모르는 경우가 태반이다. 이번에는 옷차림의 기본 중 하나인 바지 밑단에 대해 알아보는 시간을 가져보자.

모르면 보이지 않는 바지 밑단의 역할

백화점이나 슈트 전문 매장에서 옷을 살 때면 바지 밑단을 싱글로 할지 더블로 할지 묻는다. 보통 손님이 원하는 방향으로 수선해주는데, 밑단의 종류를 알지 못하면 매장 측에서 수선해주는 대로 입을 수밖에 없다.

바지 밑단을 구분하는 방법은 간단하다. 바지의 앞뒤 길이가 같은 것을 '싱글 커트', 바짓단을 바깥으로 접은 것을 '더블 커트'라고 한다. '모닝 커트'는 앞쪽에 비해 뒤쪽 기장이 긴 커트를 말하며 주로 예복에 사용된다. 일반 정장에서는 움직임이 편한 더블 커트나 싱글 커트로 많이 수선한다.

바지 밑단의 종류

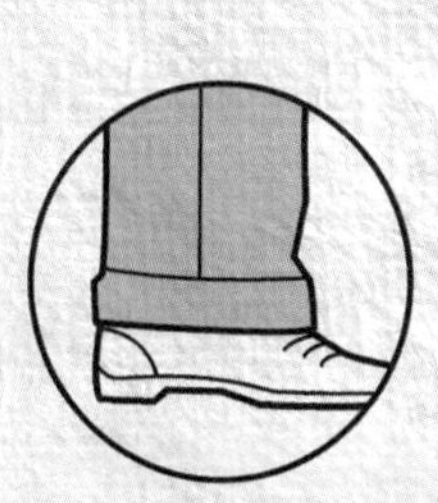

더블 커트

바짓단을 바깥으로 접은 커트로 캐주얼한 느낌을 준다.

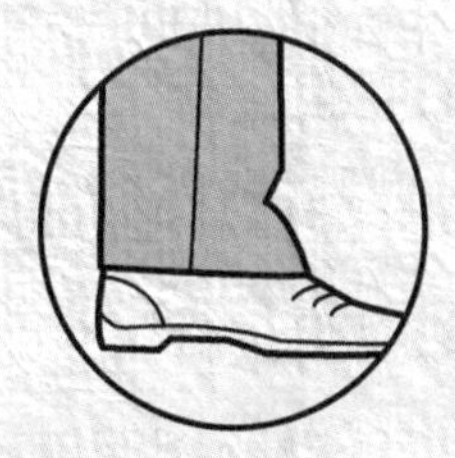

싱글 커트

바지의 앞뒤 길이가 같으며 활동적인 인상을 준다.

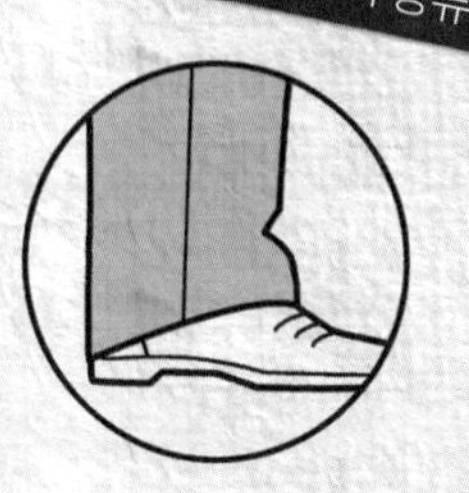

모닝 커트

앞쪽에 비해 뒤쪽 기장이 긴 커트로 예복 등에 사용된다.

의복 브랜드에 따라 선호하는 커트 스타일도 다르다. 폴 스미스에서는 기본적으로 활동성을 고려한 더블 커트를 추천한다. 반면 에트로에서는 싱글 커트를 권한다. 남성들에게 실용성과 우아함을 동시에 추구한 슈트를 선사하는 것이 브랜드 콘셉트이기 때문이다.

바짓단을 접고 풀 때도 명분이 필요하다

바지 밑단은 종류에 따라 연출할 수 있는 분위기가 각각 다르다. 격식을 차린 자리에서 주로 입는 바지의 밑단은 대부분 싱글 또는 모닝 커트 형식이다. 1900년대 초에는 말을 탔을 때와 내렸을 때, 각각 바지 길이를 조절하기 위해 밑단을 더블 커트로 했다고 한다.

승마를 할 때 재킷 밑단이 올라가지 않도록 하기 위해 만든 뒤트임이 센터 벤트의 시작이라고 앞에서 설명했다. 요컨대 바지 밑단을 더블로 하고 재킷 뒤트임을 만든 것은 움직임과 기능성을 고려한 결과다.

따라서 격식을 차린 자리에서는 밑단이 싱글, 또는 모닝 커트인 바지와 뒤트임이 없는 노 벤트 재킷을 입는 것이 예의다. 반면 비즈니스용은 밑단이 더블, 또는 싱글인 바지와 센터 벤트나 더블 벤트인 재킷 정도가 슈트의 역사를 고려했을 때 적당하다.

패션에서 절대적인 것은 없다. 하지만 그 의미를 알고 입는지 아닌지에 따라 옷을 소화해내는 데에는 커다란 차이가 생긴다.

인상 관리의 시작은 '왜'라고 묻는 것에서부터 출발한다

패션은 상황에 따라 상대와의 인간관계에 영향을 미칠 만큼 위력을 발휘하기도 한다. 그래서 아무리 사소한 부분일지라도 신경을 쓰지 않으면 안 된다. 의복을 입을 때 어째서 그것을 입는지, 어째서 그렇게 입어야 하는지를 알아두면 그 의복에 걸맞게 행동하고 말하게 되며 한층 매력적으로 보일 수 있다.

활동성을 강조한 폴 스미스의 더블 커트 팬츠(좌)와 우아함을 추구한 에트로의 싱글 커트 팬츠(우).

이것은 비단 패션에 국한된 것만은 아니다. 필자는 매일 일을 할 때마다 다음과 같은 점을 반복해서 생각한다.

'왜 그 일을 해야만 하는가?'

'그 일을 지금 해야만 하는 이유는 무엇인가?'

이러한 것들에 대한 의미를 명확하게 하는 것이 필자에게는 중요하다. 또한 부하 직원들에게도 이 점을 끊임없이 강조한다. 갑자기 생각지도 못했던 일이 발생했을 때, 그 일을 해야만 하는 이유를 명확하게 인식하고 있으면 스스로 생각하고 행동하는 데 도움이 된다.

인상 관리 역시 마찬가지다. 자신의 옷이나 헤어스타일, 말하는 방법, 행동 등에 관하여 '어째서'라고 자문자답하며 스스로를 객관적인 시각으로 평가하다 보면, 자신의 이미지를 향상시키는 결과를 얻을 수 있다. 그리고 그러한 태도는 타인과의 커뮤니케이션을 좀 더 원활하게 만들어주는 계기로 이어질 수 있다.

외투 한 벌에서 읽히는 남자의 품격

남성의 옷 문화가 대부분 그렇듯이 남성 코트도 오랜 전통을 가지고 있다. 서구 사회에서는 코트를 방한의 목적은 물론 권위와 격식, 그리고 예의를 상징하는 수단으로 입어왔다. 오늘날에는 생활과 문화가 바뀌고 방한용 옷이 다양해지면서 코트의 필요성이 적어졌지만, 코트는 신사의 격식과 권위를 상징하는 수단으로 여전히 사랑 받는 아이템이다.

필자 주변에도 매년 겨울이 되면 새 코트를 구입하는 고객이 있다. 그의 말에 따르면 코트는 '살짝 걸치기만 해도 그 사람을 돋보이게 해주는 아이템'이라고 한다. 특별히 신경 쓰지 않아도 멋지게 보일 수 있다니, 그야말로 편하기 그지없는 의상 연출법인 셈이다.

코트의 종류는 트렌치코트, 체스터필드 코트, 오버코트 등 다양하다. 종류만큼이나 각양각색의 모양과 소재로 디자인되어 있어 여러 스타일을 연출할 수 있다.

가을철 필수 아이템, 트렌치코트

트렌치코트trench coat는 '참호'trench라는 뜻 그대로 겨울 참호 속의 혹독한 추위와 습기를 이겨내기 위해 만든 영국 장교의 유니폼이었다. 우리에게는 버버리라는 이름으로 더 잘 알려져 있는데, 이는 영국 국왕 에드워드 7세가 토머스 버버리가 만든 코트를 입을 때마다 입버릇처럼 "내 버버리를 가져오게"

라고 하인들에게 말한 데서 유래한다.

트렌치코트는 누구에게나 어울리는 옷이지만 세련되게 입으려면 상당한 패션 감각이 필요하다. 정통 스타일과 변형된 스타일로 나뉘는 트렌치코트는 스타일에 따라 함께 입는 옷을 다르게 연출해야 한다. 정통 스타일은 주로 더블 여밈에 넓은 옷깃과 벨트가 달리고 어깨에 덮개를 댔으며 주머니가 많은 전형적인 군복 형태다. 이 코트는 슈트 위에 입는 것이 가장 좋다.

변형 스타일은 딱딱한 느낌의 장식을 없애고 소재도 면, 폴리에스테르, 가죽, 얇은 패딩 등으로 범위를 넓힌 것을 말한다. 좁은 바지와 스웨터 차림에 함께 입으면 자연스러운 멋을 연출할 수 있다.

트렌치코트는 영화 〈카사블랑카〉에서 험프리 보가트가 입고 나와 화제가 된 이후로 패션사에서 '험프리 보가트 룩'으로 기록되고 있다.

코트를 여미는 방식에 따라 분위기가 다르게 연출되기도 한다. 더블 여밈은 키가 크고 몸집이 있는 사람에게 어울리며 남성적인 이미지를 불러일으킨다. 싱글 여밈은 우아한 차림을 즐기며 체형이 작고 가는 사람에게 잘 어울린다.

트렌치코트를 연출할 때 가장 크게 신경 쓸 부분은 바로 코트의 길이다. 키가 큰 경우에는 무릎 바로 밑까지 오는 긴 길이의 트렌치코트를 선택하는 것도 무방하나, 키가 작은 편이라면 길이가 짧은 것을 고르는 것이 좋다. 클래식한 트렌치코트는 무릎 밑으로 길게 내려오는 것이 일반적이지만, 지금은 다양한 길이의 트렌치코트가 출시되고 있으니 자신의 키와 활동성, 쓰임 등을 고려해서 선택해야 한다.

뱃살을 감추고 싶다면 오버코트를 입어라

오버코트Overcoat는 오버 사이즈 코트Over size coat의 줄임말로 입는 사람의 몸 전체를 앞뒤로 완벽하게 뒤덮는 것이 특징이다. 그렇기 때문에 실루엣의 아름다움과 소재의 질감만으로도 존재감을 나타낼 수 있으며, 어깨선이 넉넉하게 떨어져서 입는 사람의 체형을 감쪽같이 감춰준다.

오버코트

오버코트는 어떤 차림에 입어도 무난하게 어울리지만 안에 입는 옷에 따라 상반된 분위기를 연출할 수 있다. 슈트 위에 입었을 때는 무심한 듯 시크한 인상을 풍긴다. 이때 다른 장식은 최대한 배제하는 것이 좋다. 캐주얼한 복장에는 머플러를 매치해 코디하면 활동적이면서 세련되어 보인다.

오버코트를 입을 때 주의해야 할 점은 무엇일까? 간혹 몸집이 작은 남성이 기다란 오버코트를 입은 모습을 거리에서 보게 된다. 하지만 어쩐지 옷매무새가 좋게 느껴지지는 않는다. 몸집이 작은 남성은 무릎 약간 아래까지 내려오는 길이의 코트를 입거나 짧은 재킷 형태의 코트를 입었을 때 균형 있어 보인다.

슈트와 환상적인 궁합을 자랑하는 체스터필드 코트

잘 갖춰진 슈트를 애용하는 비즈니스맨이라면 체스터필드Chesterfield coat 코트를 추천한다. 체스터필드 코트는 슈트의 재킷이 길어진 것처럼 생긴 정장풍의 코트로, 19세기 영국의 체스터필드 백작이 입었던 데서 유래했다. 귀족의 옷차림에서 유래했기 때문인지 캐주얼한 옷보다는 슈트 차림에 더 적합하며, 남성용 코트 가운데 가장 격식을 갖춘 형태다. 영국 찰스 왕세자나 다른 왕자들도 이 스타일을 겨울에 즐겨 입는다.

신사의 품격을 극대화할 수 있다는 게 체스터필드 코트의 장점이지만 한겨울에 입기에는 다소 무리가 있다. 체스터필드 코트는 무엇보다 실루엣이 중요한 복장이다. 그래서 코트 안에 두꺼운 옷을 입으면 울룩불룩해 보여 모양새가 살아나지 않는다. 게다가 칼바

체스터필드 코트에 스카프를 연출하면 세련된 인상을 자아낸다.

람을 막아줄 옷깃이 없어 머플러와 스카프를 필수로 착용해야 한다.

체스터필드 코트를 고를 때 주의해야 할 점은 무엇일까? 소매는 슈트보다 3센티미터 정도 더 긴 것이 좋다. 소매가 너무 길면 마치 옷이 사람을 입은 듯한 인상을 줄 수도 있으므로 주의해야 한다. 전체적인 사이즈는 몸에 딱 맞거나 한 치수 정도만 크게 입는 것이 좋다. 앞서 말했듯 체스터필드 코트는 실루엣이 중요하기 때문이다. 격식을 갖추면서도 활동적인 인상을 주고 싶다면 길이가 무릎 위로 올라가는 코트를 선택하면 된다.

체스터필드 코트

격식과 자유를 모두 포용하는 코트

캐주얼한 차림을 즐겨 입는 남성이라면 더플코트Duffle coat가 제격이다. 거친 모직으로 만들어진 군용코트에서 탄생한 코트로 단추 대신에 끈으로 여미도록 된 것이 특징이다. 슈트보다는 캐주얼한 복장에 잘 어울리며 입었을 때 다소 어려 보이기 때문에 40대 이상이 소화하기에는 무리가 있는 디자인이다.

더플코트

피코트Peacoat는 보온성과 스타일 모두를 충족시킬 수 있는 코트다. 영국 해군이 입던 코트에서 유래한 것으로 앞섶이 좌우 어느 쪽이나 여밀 수 있게 되어 있다. 날카로운 바

닷바람을 막기 위해 만들어진 코트인 만큼 보온성 또한 뛰어나 한겨울에 입어도 문제없다. 피코트는 셔츠보다 터틀넥과 더 잘 어울리며 청바지에 운동화 차림에도 적합하다. 엉덩이가 큰 사람은 코트 길이가 허리선까지 오는 것을 선택하는 것이 좋다.

피코트

폴로 코트Polo coat는 언뜻 보면 체스터필드 코트와 비슷한 실루엣으로 헷갈리기 쉬운 아이템이지만 코트 앞에 달린 커다란 뚜껑 주머니의 유무로 구분할 수 있다. 체스터필드 코트만큼이나 변형된 디자인이 시중에 많이 나와 있으며 재킷의 앞 여밈을 깊게 하고 두 줄의 단추를 달아 여미는 더블브레스티드 롱코트가 가장 일반적이다.

폴로 코트

07

1년 입고 버리는 옷과
10년을 입어도 못 버리는 옷의 차이

패션 스타일링을 하다 보면 남성의 재킷이나 코트 감촉이 무척 매력적으로 느껴질 때가 있다. 필자의 경우 보통 캐시미어 100퍼센트 혹은 캐시미어 혼방 제품에서 그러한 매력을 느끼는데, 옷감의 소재가 무엇이냐에 따라 입은 사람의 인상이 달라 보이기도 한다. 지인 중 한 여성은 남자 친구의 재킷을 벗겨줄 때 살짝 느껴지는 거칠거칠한 질감에 가슴 설렌 경험이 있다고 한다.

셔츠 역시 소재에 따라 제각각 다른 느낌을 준다. 재질이 다른 셔츠를 입으면 같은 슈트로도 다양한 인상을 연출할 수 있다. 이처럼 패션 용품의 디자인뿐 아니라 소재 역시 인상을 좌우하는 중요한 요소라는 점을 잊지 말아야 한다.

인간의 본능을 자극하는 털(毛)의 힘

어째서 옷감의 소재가 사람의 인상에 영향을 미치는 것일까? 이것은 의외로 간단한 문제다. 인간 역시 동물이기 때문이다. 말하자면 암사자가 갈기 혹은 털이 멋진 수사자를 종족 번식을 위한 파트너로 선택하는 것과 같은 이치다.

인간은 진화하면서 몸의 털이 적어졌다. 옷을 걸침으로써 털의 기능을 대신했지만 동물일 때의 본능이 남아 있기에 털에 자극 받는다. 다시 말해 착용한 의복의 감촉이나 느낌으로 상대를 매료시킬 수도 있다. 여담이지만 이러한 이유에서 여성의 머릿결 역시 관리를 소홀히 해서는 안 된다.

패션에서 기능성은 중요한 요소다. 나아가 이것은 감성을 자극하는 역할도 함께한다. 뿐만 아니라 상대와의 커뮤니케이션을 좌우하기도 한다. 그것은 비단 이성을 자극하는 기능만 하는 것이 아니다. 수컷 사자의 갈기를 보면 우두머리가 누구인지를 알 수 있다. 마찬가지로 사람도 소재가 뛰어난 옷을 입었을 때 한층 더 멋지고 위엄 있게 보인다. 패션에는 좌중을 압도하는 힘이 있기 때문이다.

길고 진한 갈기는 수컷 사자들의 세계에서 힘의 상징과도 같다. 사자는 상대 수컷의 갈기를 보고 싸움을 할지 말지를 판단한다고 한다. 또한 암컷 사자 역시 수컷의 갈기 상태를 보고 짝짓기 파트너를 고른다.

옷감으로 품격을 걸치다

인간은 원단의 질감을 보고 가격 고하를 가늠할 줄 아는 존재다. 서글프지만 돈이 많으면 능력이 있다고 생각하는 사람이 많은 것이 현실이다. 더욱이 여성들은 첫인상만으로도 상대의 능력을 판단하는 데 뛰어나다. 이러한 여성들의 사회 진출이 점점 증가하고 있기 때문에 옷을 선택할 때는 소재를 반드시 감안해야 한다.

필자의 고객 중 한 남성은 겨울에 더플코트를 즐겨 입는다. 더플코트는 캐주얼한 느낌이 강한 코트지만, 옷감의 소재에 따라 인상이 확 달라진다. 뺏

뻣한 질감의 더플코트는 10대에서 20대 전, 후반 남성이라면 캐주얼한 장소에 한해 입어도 상관없다. 하지만 아무리 캐주얼한 자리라도 30세가 넘은 남성이 뻣뻣한 질감의 더플코트를 입고 나타난다면 썩 보기 좋지는 않다.

반면 한눈에 보기에도 부드러운 캐시미어 재질의 더플코트라면 연령에 상관없이 입기 좋은 아이템이다. 거래처와 약속이 있는 날이 아니라면 사무실 출근용으로 입어도 손색이 없다.

20~30대 비즈니스맨은 신체 자체부터 활기차고 건강하다. 머리숱도 풍성하고 피부에서도 윤기가 흐르기 때문에 굳이 고급 제품을 걸치지 않아도 빛이 난다. 하지만 40세가 넘으면 육체에 그늘이 드리우기 시작한다. 그렇게 되면 의상을 통해 신체의 단점을 보완할 필요성이 생긴다.

40세가 넘으면 자신을 위해 질 좋은 소재의 옷을 한 벌쯤 구매해두자. 착용한 순간 자세가 곧게 펴지면서 어깨의 힘은 편안하게 빠지는 느낌을 부디 한 번 만끽해보기 바란다.

이쯤에서 옷감의 종류와 특성에 대해 간단히 알아보자.

| 면 |

무명, 목화솜을 원료로 짠 천을 뜻하며 의복에 가장 흔히 쓰이는 소재이다. 땀을 잘 흡수하며 튼튼해서 실용적인 옷감이다.

| 옥스퍼드 |

옥스퍼드는 일반적으로 하얀색이 생산되지만 체크나 스트라이프 무늬를 넣기도 한다. 스포티한 직물로서 셔츠, 슈트, 스포츠 웨어, 파자마 등에 주로

쓰이며 원단이 질기기 때문에 세탁 시에 손상도가 낮다.

| 마 |

삼, 아마, 모시풀 같은 섬유로 실을 자아 만든 천연 직물을 두루 이른다. 마 섬유 가운데 의복 소재로 가장 많이 쓰이는 것은 삼베, 모시, 리넨이다. 삼베는 대마 혹은 삼이라 한다. 모시는 저마, 리넨은 아마로 짠 직물이다. 리넨은 땀 흡수력이 뛰어나고 활동성이 높아 여름철 셔츠용으로 사랑 받는 소재다.

| 실크 |

누에고치에서 뽑은 명주실로 만든 섬유를 말한다. 부드럽고 광택이 풍부해서 마른 체형의 사람이 입으면 우아함을 뽐낼 수 있다.

| 헤링본 |

헤링본은 청어의 등뼈라는 의미로 사선무늬 직물의 일종이다. 원래는 전통적인 신사복 소재로 사용되었으나 지금은 여성복에도 사용된다. 슈트나 재킷 등에 많이 쓰인 헤링본 소재의 옷은 시각적으로 좀 더 길어 보이게 하는 효과를 연출한다.

| 트위드 |

트위드는 표면은 매끄럽지 않으나 매우 부드러운 소재로 주로 코트, 슈트, 재킷 등에 많이 쓰인다. 트위드 소재는 몸이 팽창되어 보이기 때문에 마른 체형을 잘 커버해준다.

| 캐시미어 |

인도 서북부의 카슈미르 지방에서 사는 산양의 털로 짠 고급 모직물이다. 부드럽고 윤기가 있으며, 보온성이 좋아 고급 양복감으로도 쓰인다. 자연스럽게 몸을 감싸는 캐시미어는 온화한 인상을 연출하기에 좋은 소재다.

옷의 소재에 따라 세탁법도 각각 다르므로 익혀두는 것이 좋다.

면은 일반 가정에서 하는 물빨래와 손빨래 어떤 방법으로 세탁해도 무난하다. 반면 실크나 캐시미어처럼 변형되기 쉬운 소재의 옷은 세탁소에 드라이클리닝을 맡기는 것이 좋다. 특히 실크는 열에 약하고 물에 닿으면 얼룩이 생기므로 주의해야 한다. 리넨과 같은 마 소재의 옷감은 중성세제로 섬유 조직이 꺾이지 않도록 주의하며 손으로 조물조물 빨아준다.

의복의 실루엣을 결정짓는 봉제 상태

의복을 선택할 때 소재만큼이나 자세히 살펴봐야 할 요소가 있다. 바로 봉제 상태다. 튼튼하게 봉제하는 기술도 중요하지만 이탈리아에서 만드는 고급 의상들은 튼튼함보다는 착용감을 더욱 중시한다. 이러한 특징을 잘 모르는 사람들은 이탈리아에서는 적당히 봉제를 한다고 오해하기도 한다. 이탈리아인들은 어깨에 힘을 빼고 편안하게 입을 수 있는 착용감을 우선시한다.

봉제의 견고함보다 이탈리아 제품 같은 착용감을 중요시한다면, 간혹 꿰맨 자리가 터졌을 때 그곳을 수선해서 오래 입는 방법도 괜찮다. 실제로 이탈리아식 봉제를 좋아하는 한 남성은 그 편안함을 피부로 느끼며 즐긴다고 한다.

동양권 남성들도 소재의 질감을 느낄 줄 아는 감성을 겸비하면 좋겠다. 아울러 착용감이 좋으면서도 오래 입을 수 있는 패션과, 튼튼하게 봉제한 옷을 상황에 따라 입을 줄 아는 것이 스타일을 제대로 즐기는 남성의 자세다.

08

아웃렛에서 산 슈트를 신상 아르마니처럼 연출하는 비법

예전의 한 방송 프로그램에서 재미있는 실험을 한 적이 있다. 동일한 남성에게 후줄근한 옷과 격식을 갖춘 고급 정장을 번갈아 입혀서 각기 다른 사람에게 그 모습을 보여주었다. 그러자 전자를 본 사람은 그 남성을 무능력하고 게을러 보인다는 등의 부정적인 인상으로 인식했다. 반면 후자를 본 사람은 그 남성을 능력 있고 수완 좋은 비즈니스맨으로 평가했다. 이 실험에서 살펴볼 수 있듯이 옷차림은 당신의 인상을 결정짓는 중요한 수단 중 하나이다.

어떤 옷과 헤어스타일로 연출했는지에 따라 사람의 모습은 극과 극으로 달라질 수 있다.

하지만 우리에게 마르지 않는 샘처럼 항상 돈으로 가득 찬 지갑이 있다면 모를까, 고가의 제품을 무한히 구매할 수는 없는 노릇이다. 대부분의 사람들이 그렇지 않기 때문에 저렴한 비용으로도 멋진 옷차림을 연출할 수 있는 방법을 알아둬야 한다.

옷차림 연출법 첫 번째, 자신의 장단점 정확히 파악하기

한 달에 한 번 꼴로 이미지 컨설팅을 받으러 사무실을 방문하는 고객이 있었다. 그런데 어느 날 그 남성이 디자인이 좀 독특한 셔츠를 입고 왔다. 차림새가 평소와 달라졌기에 어디에서 구입한 옷인지 물어보았다. 그랬더니 가족 여행을 갔다가 아웃렛에서 충동구매를 했다는 대답이 돌아왔다. 유명 브랜드의 제품이었지만 아무리 봐도 그의 매력을 반감시키는 디자인이었다.

값비싼 브랜드의 옷이라도 그 옷이 자신과 어울리지 않으면 무용지물인 법이다. 사람은 저마다 각양각색의 체형과 얼굴, 목소리 등을 가지고 있다. 그렇기 때문에 자신에게 어울리는 스타일을 찾아야 한다. 가장 좋은 방법은 자신과 체형이 비슷한 연예인의 옷차림을 따라 해보는 것이다. 연예인은 전문 스타일리스트가 그 사람의 스타일을 다각도로 분석해서 옷차림을 권해주기 때문에 따라 했을 시 실패할 확률이 적다. 또 다른 방법은 전신사진을 찍어 체형과 전체적인 인상을 자가진단 해보는 것이다. 사진을 찍으면 거울로 볼 때보다 자신을 좀 더 객관적으로 바라볼 수 있게 된다.

옷차림 연출법 두 번째, 옷 치수를 꼼꼼히 따질 것

고가이든 저가이든 옷차림이 가장 형편없어 보일 때는 의복의 사이즈가 지나치게 작거나 클 경우다. 사람마다 신체적 특징이 달라서 기성복을 구입했을 때 어느 한 부분이 맞지 않을 수 있다. 예를 들어 키는 크지만 팔이 유난히 짧을 경우 기성복 슈트를 멋있게 소화하기 힘들다. 의복 구입 시 길이나 폭 등을 자신에게 맞게 꼼꼼히 수선하도록 하자. 기성복을 아무 생각 없이 사기보다는 자기 몸에 꼭 맞추기 위해 노력하는 자세에서 그 사람의 비즈니

기성복을 구입할 때 우선적으로 체크해야 할 부분은 어깨선과 소매 길이다. 어깨선은 안에 입는 옷을 고려해서 너무 딱 맞는 것보다는 조금 여유가 있는 것으로 고른다. 소매 길이는 팔을 똑바로 내렸을 때 안에 입은 셔츠가 1.5센티미터 정도 나오는 길이가 적당하다. 바지의 폭은 손가락 끝에 옷감이 약간 잡히는 정도가 적당하며 신발을 살짝 덮을 정도의 길이가 좋다.

스 스타일도 나타나는 법이다. 이런 사소한 노력만으로도 많은 비용을 들이지 않고 당신의 이미지를 한층 더 업그레이드시킬 수 있다.

한번은 어느 방송 프로그램에서 두 남성의 스타일링을 의뢰받은 적이 있었다. 머리끝부터 발끝까지 경제적이면서도 유행에 뒤떨어지지 않는 스타일로 코디하는 것이 과제였다.

헤어커트는 1만 원 정도의 비용으로 평범하게 진행했지만, 한 사람당 20만 원 전후의 비용으로 남성 출연진 두 명 모두 화려하게 변신하는 데 성공했다. 의복 할인 매장에서 저렴하게 구한 옷을 치수만 수선했을 뿐인데도 그 결과는 무척 훌륭했다.

옷차림 연출법 세 번째, 고급 제품을 적절히 활용할 것

그렇다고 너무 저렴한 제품들로만 치장하는 것도 바람직한 방법은 아니다. 결혼식 같은 격식을 갖춘 자리에서는 재킷이나 구두에 비용을 들이고, 셔츠나 바지 같은 소모품은 저렴한 제품으로 연출하는 것이 좋다. 머리끝부터 발끝까지 고가 제품, 또는 저가 제품으로 도배하는 것이 아니라, 고가 제품과 저가 제품을 적절히 믹스해서 매치하는 것이 포인트다.

쇼핑을 할 때도 투자할 아이템과 그렇지 않은 아이템을 나눠서 구매해야 한다. 또한 고가의 제품을 낡을 때까지 입기보다는 저렴한 제품을 낡기 전에 새것으로 바꾸어주는 편이 훨씬 깔끔하게 보인다.

09

결전의 날,
부족한 자신감은 가죽으로 충전하라

예로부터 인간은 사냥한 포획물의 가죽과 털을 옷으로 만들어 입어왔다. 가죽은 식물 등으로 만든 의복보다 튼튼하고 오래 사용할 수 있으며, 방한 기능도 우수하다. 또한 사나운 맹수를 포획한 남성의 용기와 힘을 나타내는 증거이기도 했다.

현대 사회에 이르러 가죽 소품은 멋과 화려함을 표현할 수 있는 패션 용품 중 하나로 자리 잡았다. 특히 지갑, 벨트 등의 가죽 소품은 남성의 패션 센스를 표현할 수 있는 몇 안 되는 아이템이다. 목걸이나 반지, 귀걸이처럼 착용할 수 있는 액세서리가 다양한 여성과 달리 남성은 선택할 수 있는 패션 아이템의 폭이 좁기 때문이다. 가죽 소품 연출법을 익혀서 센스 있는 비즈니스맨으로 거듭나 보자.

가죽의 품질을 결정짓는 무두질

가죽은 무두질 방법에 따라 쓰임새와 성질이 달라진다. 무두질이란 동물의 원피(原皮)로부터 가죽을 만드는 공정을 말한다. 무두질 방법은 크게 '타닌' Tannin 무두질과 '크롬'Chrom 무두질로 나눌 수 있다.

타닌 무두질은 식물의 타닌 성분을 이용하는 무두질로, 부드럽고 자연스러운 가죽 질감을 살릴 수 있으나 시간과 비용이 많이 들고 오염에 약하다는 단점이 있다. 타닌 무두질을 거친 가죽 제품을 '식물성 가죽'Vegitable leather

이라고 부른다. 타닌 무두질은 수작업으로 이뤄지는 만큼 가죽의 가격이 비싸며 주로 명품 가방이나 가죽 공예품에 많이 쓰인다.

크롬 무두질은 1884년 A. 슐츠가 발명한 것으로, 오늘날에는 대부분 크롬 무두질을 사용한다. 화학 성분인 크롬을 가죽과 함께 기계에 넣어서 가공하는 것이며 빠른 시간 안에 대량의 가죽을 생산해낼 수 있어 효율적이다.

모로코의 페스 지방에 있는 가죽 염색 공장. 이곳 가죽은 모두 수공으로 제작되며 마을에는 관광객들을 대상으로 한 가죽 시장도 활성화되어 있다.

| 가죽의 종류 및 특성 |

종류	연령	가죽 특성
카프스킨 (calf skin)	생후 6개월 미만	무게가 가볍고 부드러운 최고급 소가죽
킵스킨 (kip skin)	생후 6개월 경과	카프 스킨과 성우(스티어 하이드, 카우 하이드, 불 하이드) 사이의 품질로 고급 소가죽
스티어 하이드 (steer hide)	생후 약 1년 6개월이 경과한 거세 수소	사용도가 높은 소가죽으로 두께와 탄력이 적당함
카우 하이드 (cow hide)	생후 약 2년이 경과한 암소	두께가 얇고 의류용으로 많이 사용되는 소가죽
불 하이드 (bull hide)	생후 약 2년이 경과한 거세하지 않은 종우	조직이 거칠고 딱딱하여 두꺼운 제품을 만들기에 적합

가죽 소품은 브랜드를 따져야 한다

가죽 소품은 보석과 마찬가지로 브랜드의 위력을 무시할 수가 없다. 유명 브랜드일수록 브랜드의 가치를 유지하기 위해 좋은 가죽을 까다롭게 골라 제품을 만들기 때문이다.

패션 브랜드 가운데 부동의 자리를 확립한 에르메스Hermes는 1837년 티에리 에르메스가 설립한 이후 누구도 토를 달 수 없는 뛰어난 품질로 빠른 시간 안에 발전했다. 19세기 파리에서 마구 공방으로 시작한 에르메스는 1967년 파리에서 개최한 만국박람회에서 1등 상을 수상하며 에르메스 마구의 우수한 품질과 견고함을 공식적으로 인정받았다. 이를 통해 나폴레옹 3세와 같은 왕족도 에르메스의 고객으로 맞이할 수 있었다. 이후 마구상으로 획득한 기술인 새들 스티치(Saddle Stitch, 재봉틀을 사용하지 않고 한 땀 한 땀 손으로 바느질하는 이중 박음질)로 고급스러운 가죽 제품을 선보이며 제품 영역을 다양하게 확장시켰다.

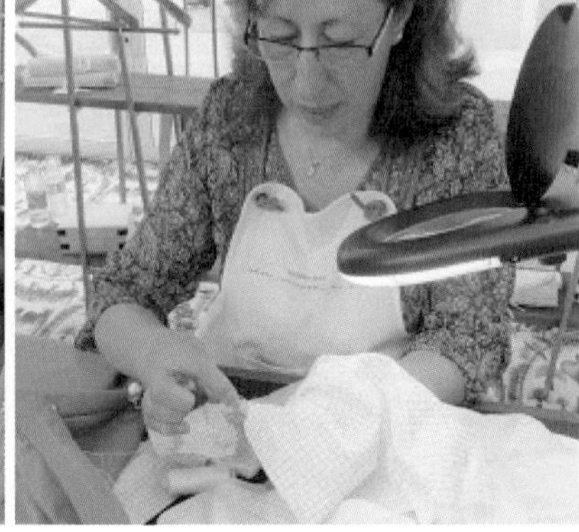

에르메스 가죽 제품에서 가장 중요한 역할을 하는 것은 스티치, 즉 박음질이다. 안장에 쓰는 전통 수공 박음질 기술인 새들 스티치 기술은 에르메스를 특별하게 하는 가장 중요한 기술이기도 하다. 새들 스티치는 특별히 고안된 도구를 사용해서 가죽 장인 학교를 졸업한 장인들이 직접 손으로 작업하며, 엄격한 품질 기준을 충족해야 한다.

필자가 애용하는 브랜드인 발렉스트라는 '이탈리아의 에르메스'라고 불릴 만큼 가죽의 질감이 훌륭하며, 전 세계적으로 인기가 있다. 이 브랜드의 가죽 제품 역시 전문 장인들에 의해 100퍼센트 수공업으로 만들어진다. 또한 로고를 거의 드러내지 않고 가죽의 품질과 디자인으로 승부하는 것을 브랜드의 핵심 콘셉트로 잡고 있어 대중들의 높은 지지를 받고 있다.

가죽 소품을 현명하게 고르는 법

앞서 가죽 소품을 고를 때 브랜드를 고려해야 한다고 말했다. 그 외에 주의해야 할 점은 또 무엇이 있을까?

| 벨트 |

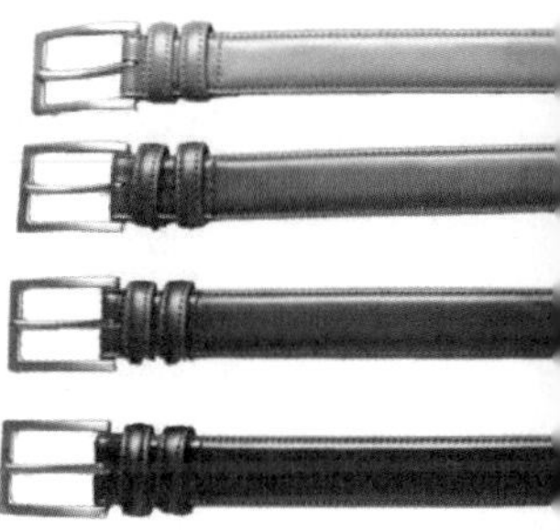

슈트나 비즈니스용 재킷과 바지 차림에 착용하는 벨트는 로고가 커다랗게 보이는 제품을 피해야 한다. 최대한 단순한 디자인이 바람직하며 벨트 색은 구두 색과 맞추는 것이 일반적이다. 배가 나와서 고민이라면 약간 튀는 색상의 벨트도 시선을 분산시켜 줘서 좋다.

| 구두 |

'멋쟁이는 발 주위부터'라는 말처럼 패션에서 구두는 중요한 역할을 한다. 비즈니스용으로는 브랜드 로고가 겉으로 보이지 않으면서 끈이 달린 구두가 적합하다. 구두에 대한 설명은 뒤에서(70p) 자세히 다루도록 하겠다.

| 가방 |

가방을 고를 때도 누구나 알고 있는 고급 브랜드명이 가죽 전체에 디자인 된 제품보다는 가죽의 품질, 안감 마무리 등을 살피도록 하자. 또한 비즈니스용 가방은 손으로 들 수 있는 브리프케이스 형태가 좋으며 소가죽 제품이 일반적이다.

나이가 들수록 가죽 소품도 업그레이드해야 한다

남성에게 가죽 소품은 그 사람 자체를 표현하는 수단이기도 하다. 30대 전반까지는 그다지 고급 벨트가 아니더라도 색이 벗겨지지 않고 잘 손질된 제품만으로 충분했을지도 모른다. 하지만 직책이 높아지는 30대 후반에 접어들면 의식적으로 조금은 고급 제품을 사용하는 편이 좋다.

또한 가죽 소품은 소모품이라는 사실을 명심하자. 아무리 고급 가죽 소품이라고 하더라도 너무 오래 써서 너덜너덜해져 있다면 아무도 그 가치를 몰라줄 것이다. 승진을 하면 당연히 급여도 올라간다. 그때마다 그에 걸맞

게 가죽 제품도 승격시켜보면 어떨까?

덧붙여 말하자면 구두나 벨트, 가방 같은 가죽 제품들은 검은색이면 검은색, 갈색이면 갈색으로 색을 통일시켰을 때 신사의 감각이 돋보인다.

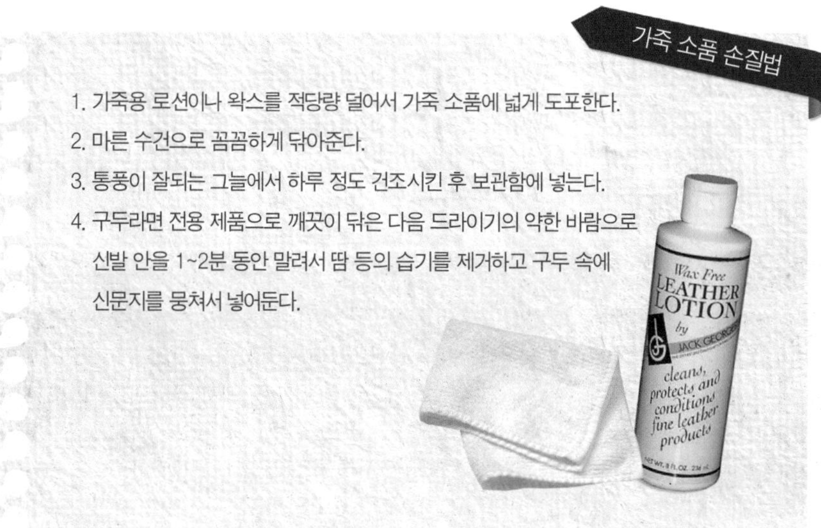

10

남자의 발끝에 힘을 실어주는 구두

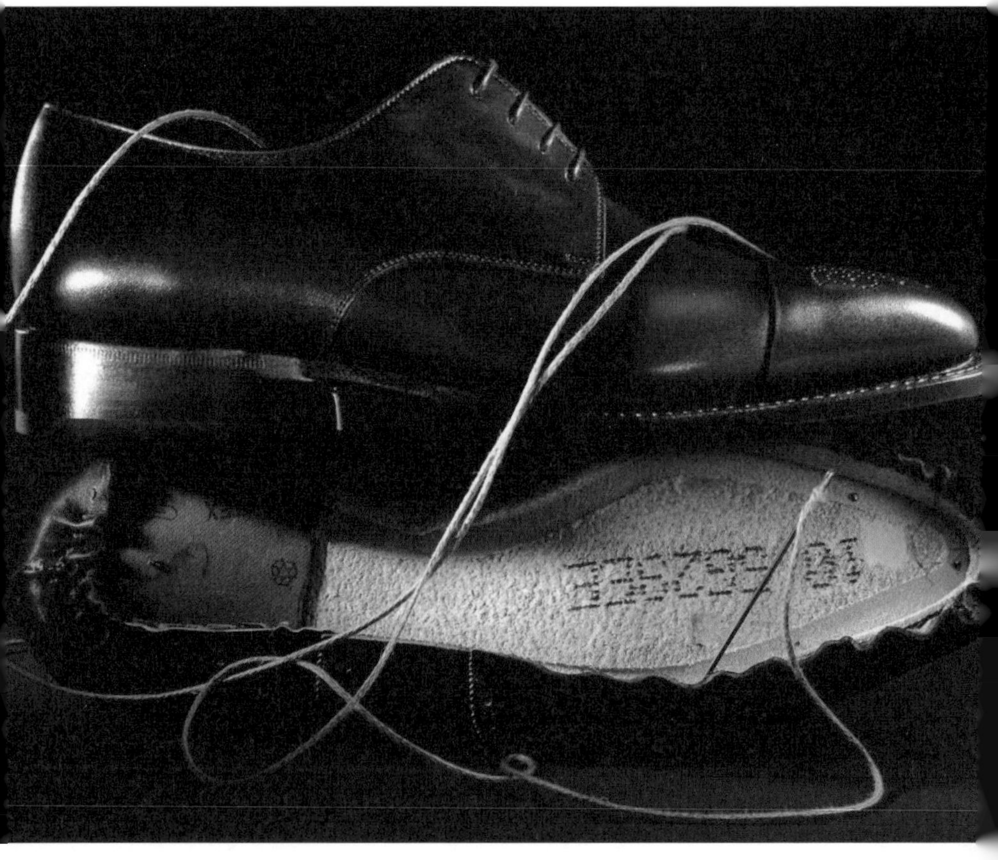

발을 보면 그 사람의 성격을 알 수 있다는 말이 있다. 발가락 모양과 발볼의 너비에 따라 사람의 성격을 유추할 수 있다는 데서 유래한 말이다.

우리나라뿐 아니라 다른 나라에서도 '발을 보고' 상대를 가늠하는 공통된 습관이 있다. 서양의 고급 호텔이나 레스토랑에서는 신발을 보고 고객의 특성을 파악하기도 한다. 또 과거 서양에서는 상대방의 발밑을 보고 신분의 고하를 가늠했다. 귀족은 걸어 다니는 일이 없어서 신발 밑창이 깨끗한 경우가 많았기 때문이다. 요컨대 신발은 상대를 어떻게 판단하고 대해야 할지를 정하는 지표와 같다.

근대화의 시작을 알린 가죽구두

동양권에 서양식 가죽구두가 처음으로 도입된 것은 역사적으로 획기적인 사건이었다. 그 전까지 신었던 짚신 같은 신발과 달리 발전체를 덮는 가죽구두는 충격적이기까지 한 물건이었다.

우리나라에서 구두를 신기 시작한 것은 1880년대 개화파 정객들과 외교관들이 서양에서 구두를 사 신고 들어오면서부터이다. 갑오개혁이 일어나고 양복이 공인되면서 1895년부터 부유층에서 구두를 신는 사람들이 늘어났다.

일본에서도 메이지 시대부터 정재계를 중심으로 착용하기 시작했던 구두는 다이쇼(1912~1926), 쇼와(1926~1989) 시대를 지나 일반인들 사이에서도

개화기 이후 양복이 소개되면서 일부 사람들은 한복 대신 양복을 입고 양말과 구두를 신었다.

점차 보편화되었다. 슈트가 일본 비즈니스맨들의 복장으로 자리 잡아가면서 구두 역시 자연스럽게 일본 사회에 녹아든 것이다.

비즈니스 구두의 세계

구두를 멋지게 연출하기 위해서는 구두의 종류부터 마스터해야 한다. 비즈니스용 구두에는 무엇이 있는지 알아보자.

| 스트레이트 팁 |

발끝에 '토 캡'이라고 불리는 보강용 가죽을 가로로 덧씌운 신사 구두의 대표적인 디자인이다. 구두 앞코가 일자로 디자인된 형태로 슈트와 함께 매치했을 때 가장 빛을 발하는 구두다.

| 플레인토 |

발끝에 아무것도 장식되지 않은 구두를 총칭한다. 깔끔한 인상을 주는 디자인으로 비즈니스 복장부터 캐주얼한 복장까지 폭넓게 어울린다.

| 윙팁 |

구두코 부분에 w형태의 재봉선을 낸 구두를 가리킨다. 날개를 펼친 새의 모양을 닮았다고 해서 '윙팁'이라고 부른다. 구두 앞코에 장식된 구멍 장식이 특징이며 슈트 차림에 입으면 캐주얼한 느낌을 가미할 수 있다.

| 몽크스트랩 |

수도사들이 신었던 신발에서 유래한 구두로 끈 대신 벨트 장식으로 발등 부분을 장식한 것이 특징이다. 끈 없는 구두 중에서 유일하게 슈트와 매치할 수 있다.

구두를 고를 때는 구두의 색깔에도 주의를 기울여야 한다. 비즈니스용이라면 짙은 청색 슈트에는 검은색, 회색 슈트에는 검은색이나 짙은 회색 구두가 어울린다. 밝은 황토색 구두는 격식을 갖춘 비즈니스 차림에는 적당하지 않다.

구두는 본래 불편한 신발이다

취직 활동을 하는 조카에게 선물할 구두를 구입하기 위해 백화점 구두 매장을 찾은 한 여성이 있었다. 격식 있는 스타일의 끈이 달린 기본 구두를 그 여성과 조카 모두 마음에 들어 했다. 그런데 점원은 밑창이 고무인 제품이 취업 활동에 좀 더 도움이 된다며 추천했다. 직장을 구하러 다니다 보면 아무래도 돌아다닐 일이 많다는 점을 이유로 들었다.

요즘에는 편의성을 고려하여 바닥에 고무를 덧댄 구두도 많이 나오는 추세다. 하지만 그것은 구두의 본래 의미를 퇴색시키는 것이나 다름없다. 구두를 포함한 신사복은 입은 사람의 편의를 위해 만들어진 의복이 아니다. 오히려 불편할 정도로 몸에 딱 맞게 디자인되어 착용한 사람의 자세를 곧게 만들어준다. 구두 역시 마찬가지다. 전통 가죽구두는 딱딱해서 불편하지만, 형태에 각이 잡혀 있어 신은 사람을 격식 있어 보이게 해준다. 그런 가죽구두 밑창에 고무가 덧대어져 있다면 신었을 때 편할지는 몰라도 세련된 인상과는 거리가 멀어진다.

다시 조카의 구두 이야기로 돌아가겠다. 결국 조카는 바닥이 가죽인 제품을 선택했다. 바닥이 고무인 구두를 신고 편안함을 느끼기보다는, 가죽으로 바닥을 만든 구두의 착용감과 세련됨을 체험하고, 정성 들여 관리함으로써 누가 자신의 발밑을 보아도 당당해질 수 있는 비즈니스맨이 되기를 바라는 숙모의 마음이 전달된 듯하다.

진정한 신사라면 구두는 다른 사람 손에 맡기지 않는다

필자의 고객 중 구두 마니아인 경영자가 있다. 그는 유난히 반짝이는 자신의 구두를 혀로 핥아도 될 정도라고 늘 자랑스러워했다. 한번은 사모님이 닦아주시는 것이냐고 물었더니, 그 누구에게도 구두는 맡기지 않는다는 답변이 돌아왔다. 그러면서 "여성들은 매일 화장 지우는 일을 다른 사람에게 맡기나요? 직접 하죠? 남성에게 구두는 여성의 얼굴과 마찬가지랍니다"라고 말했다.

그의 말이 전적으로 옳다. 깔끔한 구두는 신사의 기본이다. '시간'과 '노력'만 있다면 누구나 구두를 깔끔하게 유지할 수 있다.

구두 닦는 방법

1. 구두의 몸체와 밑바닥에 묻은 이물질을 구둣솔로 털어준다.
2. 구두 전용 클리너를 사용해서 얼룩을 제거해준다.
3. 부드러운 소재의 천에 적당량의 구두 크림을 발라 원을 그리듯 구두를 문질러 준다.
4. 광택을 원한다면 깨끗하게 손질된 구두에 왁스칠을 해도 좋다.

11

남자의 미래가 궁금하다면 지갑을 살펴라

헤어스타일이나 패션 면에서는 흠잡을 곳 없는 신사지만, 품에서 꺼낸 지갑을 보는 순간 실망스러울 때가 있다. 지폐나 영수증이 삐져나올 만큼 빵빵한 반지갑이나 가죽이 벗겨지고 모서리가 닳은 지갑 등을 보았을 때 특히 그렇다. 그런 사람을 보면 과연 일처리는 말끔하게 할지 의심이 들고는 한다.

간혹 학생들이나 들 법한 캐주얼한 지갑도 눈에 띄는데 이것은 '실망'을 넘어서, 친구라면 그 자리에서 설교라도 한바탕하고 싶을 정도다. 비즈니스맨이 이렇듯 무신경하게 지갑을 사용하면 여러 가지 의미에서 손해를 볼 가능성이 높아진다.

지갑도 나이에 걸맞게 성숙해져야 한다

필자는 지금까지 여러 종류의 지갑을 사용했다. 학생 때는 그랜드 캐니언에 여행을 갔다가 플라스틱과 천으로 만든 반지갑을 사서 가지고 다니며, 한동안 그 추억과 함께하기도 했다.

사회인이 된 뒤에는 처음으로 가죽 장지갑을 샀다. 몇 만 원 정도 하는 지갑만 사다가 10만 원이 넘는 지갑을 이때 처음으로 사게 되었다. 그러다 보니 지갑을 가지고 다닐 때 긴장이 되기도 했지만 사회인이라는 자각, 혹은 일종의 자부심이 느껴졌다.

그리고 관리자의 자리에 올랐을 때는 수십 만 원이 넘는 유명 브랜드의 지갑을 구입했다. 지갑 이외에도 가방이나 명함 지갑, 시스템 다이어리 등의 가죽 소품은 이때 처음으로 제대로 갖췄다. 그러고 보니 그 물건들과 함께 어깨를 쫙 펴고 다녔던 모습이 떠오른다.

당신이 현재 사용하고 있는 지갑은 무엇인가? 남성의 자존심과도 직결되는 남성 지갑의 종류에는 무엇이 있는지 알아보자.

| 장지갑 |

지갑이 접히지 않아 지폐를 보관할 때 유리하다. 겨울에 코트에서 장지갑을 꺼내면 중후한 매력을 뽐낼 수 있지만 다른 계절에는 지갑을 보관할 장소가 마땅치 않다는 단점이 있다.

| 반지갑 |

지갑계의 스테디셀러로 디자인이 다양해서 남성들이 애용하는 지갑이다. 바지 주머니, 재킷 주머니 등 어디에도 쏙 들어가서 휴대가 간편하다.

| 머니클립 |

체크카드나 신용카드의 등장으로 현금의 사용 빈도가 낮아지면서 젊은 층에게 인기를 얻고 있는 스타일이다.

재테크는 돈의 출입구인 지갑 관리에서부터 출발한다

평소 지갑에 무엇을 넣고 다니는지 인지해본 적 있는가? “부자는 지갑을 보면 알 수 있다”라는 말처럼 지갑은 당신의 소비 습관을 고스란히 드러내는 지표다. 깔끔한 지갑 관리를 위해서는 몇 가지 규칙을 정하는 것이 좋다.

첫째, 기본적으로 소유 중인 결제 수단을 간소화한다. 소비 습관이 좋지 않은 사람의 지갑을 보면 각종 카드들이 즐비하다. 이 중에는 1년 이상 사용하지 않는 카드도 있다. 평소에 사용하지 않는 카드들은 다소 귀찮더라도 카드사에 연락을 해서 해지하도록 하자.

둘째, 지갑에 돈 이외의 것은 되도록 넣지 말자. 주위를 살펴보면 지갑을 마치 쓰레기통처럼 사용하는 사람들이 왕왕 있다. 지갑 속에 증명사진, 명함, 영수증 등을 잔뜩 넣고 다니는 것은 타인이 보기에도 썩 좋지 않다. 계산대 앞에서 카드, 또는 현금을 찾으려고 영수증 더미를 뒤적거리는 모습을 상상해보면 쉽게 알 수 있을 것이다.

마지막으로 지갑에는 고액권을 넣어 다녀라. 메릴랜드 대학교와 뉴욕 대학교의 연구 결과에 따르면 높은 고액권을 갖고 다니는 쇼핑객들이 지갑에 소액권을 넣고 다니는 쇼핑객들보다 돈을 덜 쓴다는 사실을 알아냈다. 알뜰한 소비 습관을 위해서는 이러한 방법도 좋다.

지갑은 돈이 사는 아파트다

“지갑은 돈이 사는 아파트다. 나의 돈을 좋은 아파트에 입주시켜라”라는 말이 있다. 지갑은 평소 별생각 없이 사용하는 소지품이지만 우리 인생의 파트너라고도 할 수 있다. 돈의 가치를 아는 사람이라면 누구나 이 말에 동의할 것이다.

그러한 파트너가 현재 그 사람의 가치와 걸맞지 않는 인상을 풍긴다면 어색하기 그지없을 것이다. 지갑은 그 사람의 현재 수입 그리고 미래의 수입을 대변한다. 그렇기 때문에 자신의 인상을 관리하는 데 있어 매우 중요한 물건이다.

한 경영자는 1년에 한 번씩 지갑을 바꾼다고 한다. 여유가 있다면 이것도 이미지 관리를 위해 좋은 방법이다. 1년에 한 번씩은 아니더라도 최소 3년에 한 번 정도는 지갑을 바꾸는 것이 좋다. 매일 사용하는 지갑은 소모품이다. 3년 정도 사용하면 색이 바라고 당연히 모서리도 닳는다. 소중한 돈을 보관하는 용품을 너무 소홀히 대한다면 그것은 돈에 대한 실례다.

뿐만 아니라 현재 자신의 위치를 표현할 수 있는 지갑 디자인을 선택하는 것도 중요하다. 카드와 현금을 얼마나 가지고 다니느냐가 가장 중요한 선택 포인트다. 직책이 높은 사람이라면 만약에 대비해 현금을 소지하는 편이 좋다. 그러기 위해서는 장지갑이 좋

다. 속이 꽉 차서 두툼한 반지갑은 스마트한 인상과는 다소 거리가 멀다.

지갑은 자신의 소중한 돈을 보관해주는 물건이다. 돈을 소중하게 생각하는 비즈니스맨이라면 부디 지갑에도 신경을 쓰기 바란다.

가죽 지갑 관리법

1. 습도가 높으면 지갑에 곰팡이가 생길 수 있다

지갑을 보관할 때는 통기성이 좋은 부직포를 함께 넣어주는 게 좋다. 오래 보관할 경우 신문지 등으로 속을 채워줘야 가죽의 변형을 막을 수 있다.

2. 가죽은 온도에 예민하다

가죽을 뜨거운 곳에 보관하거나 방충제, 습기 제거제 등을 함께 넣으면 가죽의 변형 및 변색, 손상의 원인이 될 수 있다.

3. 물에 닿지 않게 조심해야 한다

가죽 표면에 때나 얼룩이 생겨서 물로 닦아내면 나중에 그 부분만 하얗게 변색될 수 있다. 물기를 제거한 천으로 깨끗이 닦아주자.

손목시계는 남자의 또 다른 자아다

손목시계는 이미지 컨설팅을 할 때 가장 마지막에 점검해야 할 요소다. 과거 모 기업의 경영자가 사죄를 위한 기자 회견 자리에서 천만 원을 호가하는 고급 손목시계를 착용해서 언론의 화제가 된 적이 있다.

요즘에는 휴대전화나 전자수첩 등 시간을 알려주는 디지털 제품들이 많이 등장해서 손목시계의 필요성이 적어졌다. 하지만 손목시계는 그 사람의 인상을 좌우할 만큼 파급력이 있다. 특히 남성들에게 손목시계는 사회적 지위의 상징과도 같다. '재규어', '벤츠', 'BMW', '포르쉐' 등과 같은 고가의 자동차가 부의 상징이듯, 고급 손목시계 역시 중요한 액세서리인 것이다.

시계는 그 사람의 인간미를 반영한다

손목시계의 역사는 그다지 오래되지 않았다. 19세기 초, 군(軍)에서 대포 발포 시간을 측정하던 회중시계를 손목에 둘렀던 것이 그 시초라는 설도 있다. 손목시계는 군에서 남성들이 주로 사용하며 기능성을 중시했던 정밀 기계로부터 발전, 진화해서 현재는 남성의 액세서리로 확고하게 자리를 잡았다.

필자의 고객들이 착용하는 시계 제품만 해도 무척 다양하다. '파텍 필립', '부쉐론', '오데마 피게'와 같은 세계 3대 시계 이외에 '프랭크 뮬러', '까르띠에', '롤렉스' 등 셀 수 없을 정도로 많다.

손목시계를 선택할 때는 시계의 브랜드 콘셉트와 자신의 퍼스널 이미지가

시계는 크게 기계식과 전지식으로 나뉘는데, 기계식에는 팔목 진동에 의해 태엽이 감기는 오토매틱과 직접 태엽을 감아야 하는 태엽식이 있다. 명품 브랜드의 손목시계는 대부분 기계식이며 태엽이 복잡하고 정교할수록 가치가 높다.

잘 어울리는지 따져봐야 한다. 극단적인 예를 들어보겠다. 고가의 파텍 필립 시계를 한창 일할 나이인 20~30대 비즈니스맨이 착용하면 어딘지 조화롭지 못한 인상을 준다. 그만한 수입이 있을 리 없는 연령대에 고가품을 걸치고 다니다가는, 그저 부모 잘 만난 한량으로 낙인이 찍힐 수도 있다. 한편 섬세하고 우아한 인상의 전통 의상실 오너가 커다란 롤렉스 시계를 차고 있다면 그 역시 잘 어울리지 않는다.

손목시계는 보석과 마찬가지로 그것을 착용하는 사람의 인상이나 복장, 체격, 경력, 수입, 직장, 성격 등과 어울리는 제품을 선택하는 것이 중요하다. 요컨대 자신의 몸에 걸친 손목시계는 패션 센스뿐 아니라 인간미를 나타낸다. 자신에게 적합한 손목시계를 선택할 줄 아는 사람은 스스로를 객관적으로 평가할 줄 아는 사람이라고 해도 과언이 아니다.

따라서 남성들은 손목시계를 구입할 때 시계 브랜드의 역사와 콘셉트를 조사하고 자신의 삶의 방식에 부합하는 제품을 선택해야 한다. 실제로 손목시계 브랜드에 따라 다양한 역사와 드라마가 존재하므로 한번쯤 조사해

보면 재미가 있다.

슈트에 어울리는 손목시계는 따로 있다!

물론 손목시계의 디자인도 중요하다. 우선 시계의 헤드 모양과 크기는 자신의 체격에 맞추면 된다. 날씬한 체형이라면 사각형 헤드를, 든든한 체형이라면 둥근 모양 헤드가 적당하다. 체격이 왜소한 사람이 너무 커다란 헤드의 손목시계를 착용하면 자칫 시계만 돋보여 우스꽝스러워 보일 수도 있다.

슈트를 입었을 때 시곗줄은 금속보다 가죽이 적합하다. 번쩍이는 손목시계를 보란 듯이 착용하고 있으면 지나치게 화려해 보여 말끔한 슈트 차림을 망친다. 또한 문자판은 깔끔한 하얀색을 추천한다. 문자판이 하얀색이면 시간을 쉽게 체크할 수 있기 때문에 시간에 대한 엄격함을 표현할 수 있다.

문자판의 글자는 장난스럽지 않은 것이 좋다. 프랭크 뮬러처럼 개성 있는

슈트 차림에 어울리는 손목시계 스타일

문자가 새겨진 손목시계를 착용하면 익살스러운 사람이라는 인상을 줄 수도 있기 때문이다.

손목시계를 구입할 때는 가격도 고려해야 한다. 수입이 늘어나면 그에 상응하는 물건을 몸에 걸치고 싶은 심리가 남성의 본능일 것이다. 하지만 아무리 비싼 손목시계를 갖고 싶더라도 연봉의 10퍼센트가 넘는 제품은 금물이다. 예를 들어 연봉이 1억 원이라면 천만 원 이하, 5천만 원이라면 5백만 원 이하인 시계가 바람직하다.

겸손을 미덕으로 여기는 사고방식이 면면이 이어져 내려오는 우리나라에서 그러한 정신을 시계에 담아 표현하면, 그야말로 품격 있는 인상을 완성할 수 있다.

개성 있는 문자가 새겨진 손목시계를 착용하면 진지하지 못하다는 인상을 줄 수도 있다.

13

비즈니스맨은 안경 하나도 전략적으로 고른다

안경은 멀리 있는 물체나 눈앞의 글자를 쉽게 보기 위해 사용하는 도구다. 시력이 좋지 않은 사람의 편의를 위해 만들어졌지만, 어떤 안경을 썼느냐에 따라 얼굴 전체의 인상이 바뀔 수도 있다.

비즈니스맨에게 안경은 자신의 표정이나 인상을 달라 보이게 할 수 있는 유용한 비즈니스 도구이기도 하다. 그러므로 상대에게 좋은 인상을 주기 위해서는 안경 역시 관리하고 신경 써야 한다.

안경이 인상에 미치는 힘은 영화에서도 잘 나타난다. 영화 〈싱글맨〉에서 주인공 조지(동성애자인 영국 대학 교수) 역을 맡았던 콜린 퍼스는 섬세한 내면 연기와 더불어 패션 소품을 통해 극중 캐릭터의 개성을 한껏 돋보였다. 당시 콜린 퍼스가 영화에서 착용했던 뿔테 안경은 세계적인 패션 디자이너이자 영화감독인 톰 포드가 직접 디자인한 제품이다.

당신의 또 다른 얼굴, 안경

안경을 고를 때 연예인이나 탤런트의 사진을 내밀며 그것과 똑같은 것을 사려고 하는 사람들이 있다. 하지만 실제로 써보지 않고서는 고를 수 없는 물건이 바로 안경이다. 안경은 얼굴의 크기나 모양, 눈의 크기와 모양, 눈썹의 짙고 옅음 혹은 모양, 눈과 눈썹 사이의 거리, 코의 높이와 모양, 헤어스타일까지 빠짐없이 고려해서 선택해야 하기 때문이다. 게다가 안경은 자신에게 잘 어울리는지 여부를 스스로 판단하기가 어렵다.

이런 이유 때문에 안경 선택 요령보다는 꼭 피해야 할 안경 유형을 몇 가지 소개한다.

일반적으로 시중에서 가장 쉽게 접할 수 있는 안경테는 예리해 보이는 테의 안경이다. '알랭미끌리'처럼 테나 다리가 날카롭고 섬세한 디자인에 메탈프레임이 그 예다.

보통 동안인 남성들이 얼굴을 좀 더 지적이고 예리하게 보이기 위해 이런 디자인의 안경테를 활용한다. 하지만 이런 안경테는 동안인 남성이 머리카락을 가르마 없이 모두 뒤로 넘긴 스트레이트 백straight back 스타일을 하고, 더블 브레스티드 슈트를 입었을 때만큼이나 어색하게 느껴진다. 마치 어린아이가 애써 어른 흉내를 내는 것과 같은 인상도 줄 수 있다.

동안인 남성은 날카로운 안경테보

다는 약간 둥근 디자인이나 각진 디자인이 어울린다. 그렇다고 해서 조니 뎁이 즐겨 쓰는 안경처럼 너무 완벽하게 동그란 디자인은 예술가나 배우가 아닌 사람이 쓰기에는 지나치게 개성이 넘쳐 보인다. 자칫 우스꽝스럽게 보일 수도 있으므로 적당히 둥근 테가 바람직하다.

완벽하게 동그란 디자인의 안경은 일반 비즈니스맨이 쓰기에는 개성이 강하다.

테가 굵고 선명한 뿔테 안경도 거리에서 흔히 볼 수 있는 안경 디자인 중 하나다. 이목구비가 또렷한 사람이 화려한 안경을 쓰고 있다면 강렬한 인상이 지나쳐서 답답해 보인다. 이런 모습으로 비즈니스 미팅 자리에 나간다면 상대가 눈을 어디에 두어야 할지 모를 만큼 거북해할 수도 있다.

게다가 눈썹마저 굵고 진한 사람이 이런 안경을 쓴다면 안경을 두 개 쓰고 있는 것처럼 보일 정도로 부담스럽다. 개성을 살리는 일은 중요하다. 하지만 지나치면 오히려 부정적인 인상으로 이어질 수도 있다는 점을 잊지 말자.

눈매가 선한 사람은 되도록 굵은 안경테는 피하는 편이 낫다. 상냥하고 부드러운 인상을 안경이 가려버려서 득보다 실이 크기 때문이다.

비즈니스맨에게 안경이란?

최근에는 시력이 나쁘지 않더라도 안경을 액세서리의 하나로 활용하는 사람도 많다. 비즈니스 현장과 편안한 자리를 구분해 안경 착용 여부를 결정하는 남성도 있다.

그런데 얼굴에 관한 어떤 연구 결과에 따르면, 사람은 자주 보아 익숙해진 얼굴에 호감을 느끼는 경향이 있다고 한다. 따라서 상대와의 신뢰 관계를 중요시해야 하는 비즈니스맨이라면 3년 정도는 똑같은 안경테를 사용하는 것이 좋다. 이것이 비즈니스맨으로서 현명한 인상 관리 방법이다.

안경의 수명을 늘리는 관리법

1. 안경을 쓰고 벗을 때는 양손을 사용한다.

보통 안경을 쓰거나 벗을 때 한쪽 손으로만 안경을 잡는 경우가 많다. 하지만 이렇게 하면 안경 형태가 일그러져 점점 균형이 맞지 않는다.

2. 안경은 안경 보관함에 보관한다.

안경을 책상 서랍이나 침대 머리맡에 보관하면 렌즈에도 흠집이 생길 수 있고 안경의 수명이 줄어든다.

3. 안경을 닦을 때는 꼭 전용 수건을 사용한다.

옷자락이나 휴지, 수건 등은 안경 렌즈 표면에 상처를 남길 수 있다.

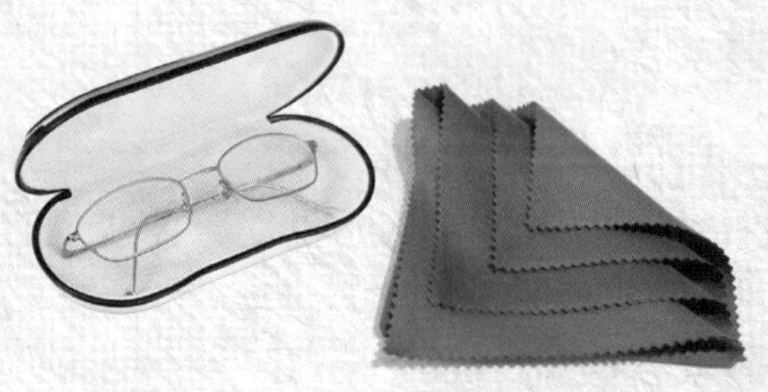

14

촌스럽거나 세련되거나, 인상을 좌우하는 발목 노출 원칙

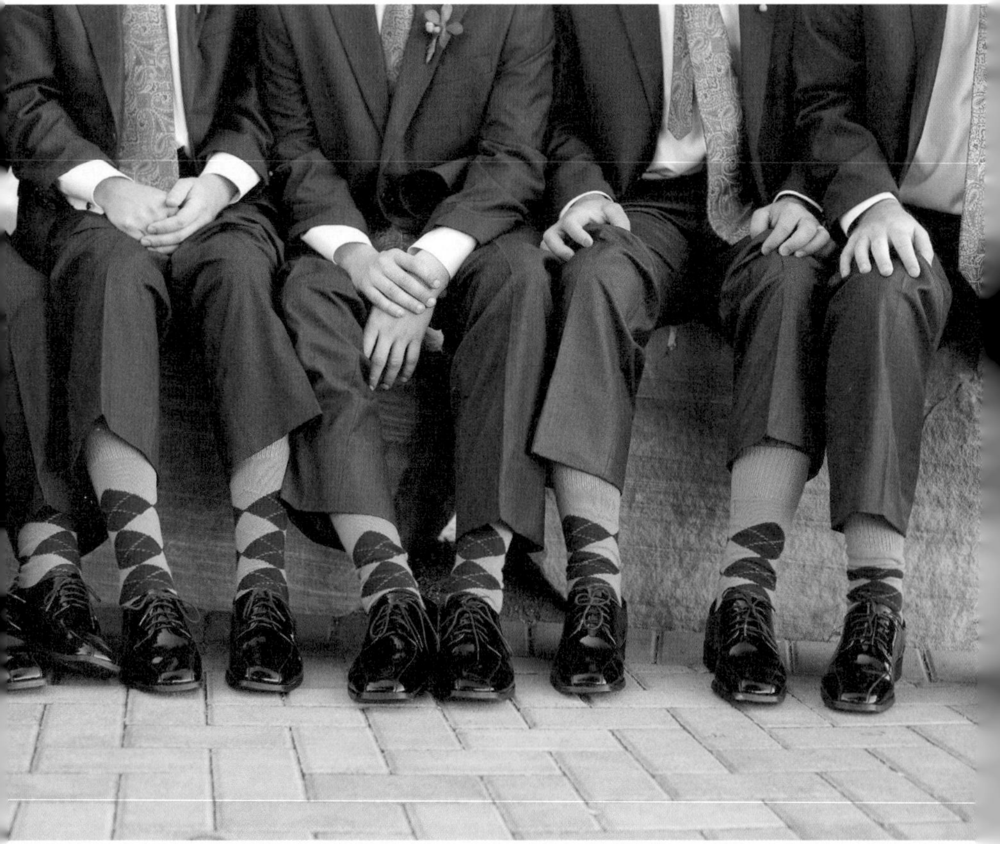

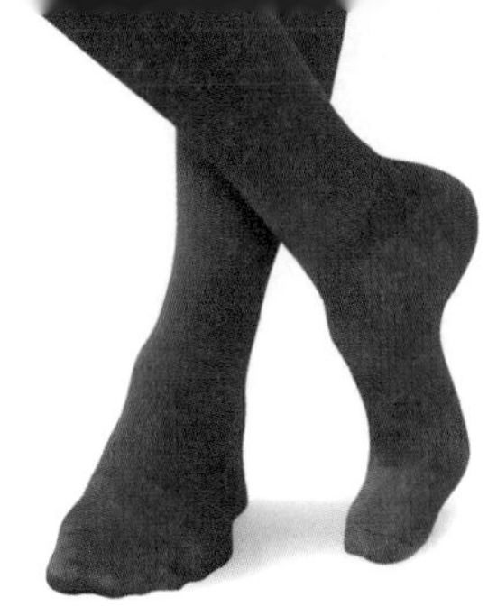

업계에 따라 편차가 있기는 하지만 2013년에는 쿨비즈(Cool-biz, 전기 절약 캠페인의 일환으로 여름을 시원하게 보내는 데 도움이 되는 비즈니스라는 뜻)의 영향으로 쇼트 팬츠나 미디엄 팬츠를 입은 비즈니스맨들도 많이 눈에 띄었다. 덕분에 무릎 아래까지 철저하게 가린 옷차림일 때는 알 수 없었던 정보들이 드러나는 느낌이었다. 다리털이 지저분하게 자란 남성, 털은 말끔하게 정리했으나 뒤꿈치가 하얗게 갈라진 남성, 바지가 지나치게 짧거나 타이트해서 민망한 남성 등등……. 남성들이 여성의 다리를 바라보듯, 거리를 활보하는 남성들의 다리를 관찰하고 있자니 그들의 삶의 방식이나 생활 스타일이 연상되었다.

다리에서 읽히는 당신의 인상

남성들의 다리를 세심하게 관찰한 결과, 두 가지 정도의 타입으로 구분할 수 있었다. 탄탄한 아킬레스건과 적당히 근육이 있는 종아리는 규칙적인 생활과 절도 있는 생활 방식을 연상시켰다. 현실은 어떨지 모르겠지만, 그런 인상을 받았다.

반면 늘어지거나 탄력 없는 발목과 종아리를 보면 집에서 빈둥거리는 생활이나 소극적인 인생이 연상되었다. 이런 체형의 소유자들에게는 정말 미안한 평가라는 점은 인정한다. 사람의 내면과는 관련이 없는 문제일 수도 있지만, 어쨌든 그런 인상을 받는다.

여성들은 발목부터 종아리에 걸친 부위에 상당히 민감하다. 발목이 날씬하면 스커트나 칠부바지를 입었을 때 무척 당당해진다. 반대의 경우라면 왠지 신경이 쓰이고 위축되기도 한다.

다리에 자신이 없어서 발목이 드러나는 옷을 일체 입지 않는 여성도 있다. 혹은 구두나 스커트, 바지 길이에 따라 다리의 극히 일부분만 노출하는 등 세심하게 주의를 기울이고 관리를 한다.

이쯤 되면 무슨 말을 하고 싶은지 짐작이 될 것이다. 요컨대 남성들도 새로운 패션에 도전할 때는 그에 합당한 노력과 관리가 필요하다. 비즈니스용 차림에서는 드러나지 않았던 부위를 노출할 때에는 반드시 신경을 써야 한다. 쿨비즈라고 해서, 혹은 덥다고 해서 아무렇게나 반바지를 걸치고 나간다면 결코 센스 있는 비즈니스맨이라고 할 수 없다.

당당한 반바지 차림을 위한 남자의 뷰티 스킬

그렇다면 어떤 노력을 기울여야 할까? 우선 그동안은 내보이지 않았던 부위를 노출하는 것이니만큼 깔끔함이 유지되어야 한다. 다리털을 어떻게 관리할지가 최대 관건이다.

다리에 털이 그다지 없는 사람이라면 굳이 신경 쓰지 않아도 괜찮다. 하지만 털이 많은 사람이라면 무릎 아래까지 올라오는 니 삭스를 신는 방법이 가장 무난하다. 혹은 보기 싫게 아무렇게나 털이 나 있다면 제모를 해도 좋다. 다리 부분은 털이 비교적 얇아서 제모를 해도 모공이 크게 눈에 띄지 않는다.

니 삭스나 제모라는 단어를 들으면 거부 반응을 보이는 남성도 있을 것

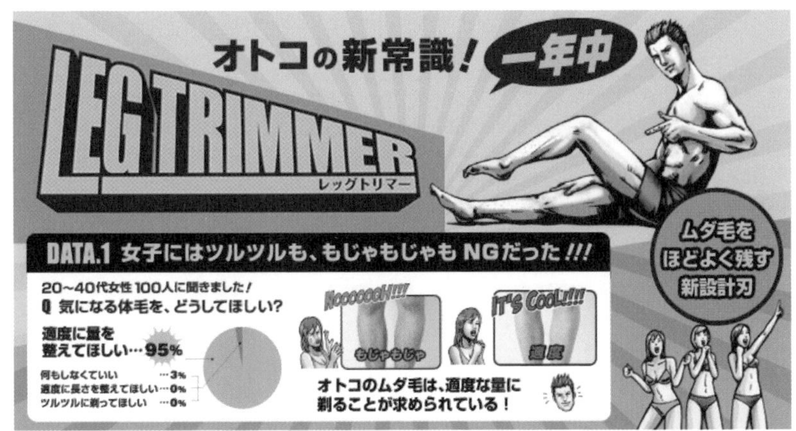

남성의 다리털을 자연스럽게 정리해주는 숱 제거기. 사용법은 털이 자라는 반대 방향으로 슥 밀어주기만 하면 된다. 간단한 사용법과 일반 면도기에 비해 다리털을 완전히 제거하지 않고 자연스럽게 정리해줘서 많은 남성들에게 인기 있는 제품이다.

이라 예상한다. 하지만 이런 방법들을 동원해서 멋진 외모를 연출할 수만 있다면, 오히려 자기 관리가 잘된 사람이라는 호평을 들을 수 있다. 완전히 제모된 맨다리가 거북하다면 시중에 있는 다리털 숱 제거기 등을 사용해서 다리털을 비교적 깔끔하고 자연스럽게 정리할 수 있다.

아울러 다리를 깔끔하게 연출하기 위해서는 양말과 구두 선택도 중요하다. 일단 구두는 깨끗한 새 구두가 좋다. 양말은 발목까지 길이가 올라와서 발목을 날씬하게 잡아주는 앵클 삭스나 커버 삭스를 추천한다.

구두와 양말의 색상을 바꾸어가며 연출하면 발목이 날씬해 보이는 효과도 얻을 수 있다. 아무래도 발목은 면적이 좁은 부위이기 때문에 크게 티가

나지 않아서 남성들로서는 부담 없이 마음껏 색상을 바꾸어가는 재미를 느낄 수도 있을 것이다.

나이를 숨길 수 없는 신체 부위, 무릎

마흔을 넘겼거나 어느 정도 나이가 들었다면 특별히 옷의 길이에도 신경을 써야 한다. 무릎은 나이가 가장 잘 드러나는 부분 중 하나다. 중년이 되면 아무래도 20대 때처럼 무릎이 매끄럽고 아름다운 상태이기는 어렵다. 거칠어지고 탄력을 잃어 볼록 튀어나온 무릎을 드러내면 인상에 안 좋은 영향을 미칠 수도 있다. 20~30대들에 비해 아름답지 않다고 판단된다면 무릎 노출은 삼가는 편이 좋다.

발목과 종아리가 예쁜 사람이라면 무릎 아래 길이 정도라면 자신감을 갖고 입어도 좋다. 하지만 이 부위에 그다지 자신이 없는 사람이라면 종아리가 가장 볼록 튀어나온 부분보다 약간 아래까지 내려오는 길이의 바지가 적당하다. 이렇게 하면 주위에 좋은 인상을 남기면서도 여름을 시원하고 기분 좋게 보낼 수가 있다.

고작 패션,
그래도 역시 패션!

지금까지 비즈니스맨의 옷차림에 대해 살펴봤다. 독자 분들 중에는 일하는 데 옷차림이 왜 중요한가에 대해 의아해하는 사람도 있으리라 생각한다. 그러나 다양한 사람들과 어울려 살아가는 한 우리는 타인의 평가로부터 결코 자유로울 수 없다. 아무리 내면이 훌륭하더라도, 그것을 잘 모르는 타인들은 일단 외면을 통해 그 사람을 평가할 수밖에 없다. 우리의 외면을 결정하는 데에는 많은 요소들이 존재하지만, 필자는 그 중에서도 패션의 힘이 가장 크다고 생각한다.

패션이란 사람들 사이에서 유행하는 차림새를 의미한다. 넓은 의미에서 본다면 문화나 라이프스타일 그 자체도 패션이라는 단어로 표현할 수 있을 것이다. 요컨대 '패션 센스'란 시대의 흐름에 잘 따르고 있는지 여부를 뜻한다. 시대의 흐름을 파악하는 감각은 비즈니스맨에게 꼭 필요한 요소다. '고작 패션'이라고 생각하고 소홀히 한다면 결코 성공적인 비즈니스 생활을 영위할 수 없다.

인상 관리의 시작은 패션에서부터

아쉽게도 아직까지 동양에서는 패션과 비즈니스를 별개의 것으로 여기는 경우가 많은 듯하다. 서양에서는 기업의 대표나 정계의 인물이 어떤 옷을 입었는지가 종종 화두에 오르고는 한다. 일례로 미국의 오바마 대통령은 공식

발표 자리에서 패션을 의사 표현의 수단으로 활용한다. 평소에는 당의 대표 색깔인 푸른색 넥타이를 주로 착용하는데, 강한 의견을 어필해야 하는 순간에는 붉은색 넥타이를 매치한다.

정치적 발언에 맞춰 다양한 컬러의 넥타이를 활용하는 오바마 대통령.

패션을 성공의 발판으로 삼은 재계 인물로는 대표적으로 휴렛팩커드의 전(前) CEO 칼리 피오리나를 꼽을 수 있다. 현재는 패션, 언변, 추진력 3박자를 고루 갖춘 유능한 여성 인재라고 높이 평가받는 칼리 피오리나는 사회생활 초년병이었을 때 평범한 여비서에 불과했다. 최고 경영자의 자리에 오르기까지 그녀는 어떤 방식으로 자신만의 이미지를 연출했을까?

칼리 피오리나가 CEO로 발탁되는 데는 패션과 언변이 큰 역할을 했다. 1990년대 초 칼리 피오리나가 AT&T의 부사장이 되었을 때 홍보부서 책임자인 캐시 피츠제럴드는 이렇게 회고했다고 한다.

"칼리는 직업 정신이 투철하고 우아했어요. 최고급 의상으로 몸에 붙는 검은 터틀넥 티셔츠에 매우 세련된 스커트를 받쳐 입었죠. 경박하지 않으면서도 사람의 마음을 끄는 성격의 소유자였어요. 젊고 매력적이면서도 그토록 능력 있는 여성 임원은 처음이었죠."

위의 일화에서 살펴볼 수 있듯이 패션은 당신의 인상과 더불어 비즈니스 성과에 큰 영향을 미친다.

미국의 대표적인 여성 CEO로 꼽히는 칼리 피오리나는 권위와 힘을 보여주기 위해 검은색이나 갈색 옷차림을 즐겼다.

완벽한 패션은 어차피 존재하지 않는다

어느 무역 회사의 기업 연수에서 있었던 일이다. 여느 때처럼 인상 관리의 중요성에 대해 강의하던 중 한 신사에게 조언을 했다가 오히려 공격적인 질문을 받은 적이 있었다. 그는 남성 의복 업계 종사자로, 활기차 보이는 얼굴에 어울리지 않는 모 유명 브랜드에서 나온 튤립 무늬 넥타이를 하고 있었다. 그 모습을 지적하던 필자에게 그는 “본인의 패션은 완벽하다고 생각하십니까?”라고 물었다.

필자는 “완벽한 패션이 바람직한가요?”라며 신사에게 반문했다. 그리고 “완벽한 패션은 누구에게나 평생 불가능한 숙제라고 생각합니다”라고 덧붙였다.

패션이란 우리의 인생과 똑같다고 해도 과언이 아니다. 죽을 때까지 완벽한 상태에 도달할 수가 없다. 패션은 시대에 따라 늘 변화하기 때문이다.

일본에서 다도로 유명한 센노 리큐에 관한 재미있는 일화가 있다. 리큐는 늘 깨끗하게 청소를 마친 정원에 단풍잎을 흩뿌렸다고 한다. 그 모습을 보고 이상하게 생각하는 주위 사람들에게 "이렇게 하는 편이 자연스럽고 아름답지요"라며 대답했다고 한다. 시간의 흐름 속에서 완벽한 아름다움이란 무엇인지를 생각하게 해주는 이야기다.

이미지 컨설팅을 하다 보면 패션 센스에 자신 없어 하는 비즈니스맨들을 많이 만나게 된다. 하지만 완벽한 패션은 어차피 존재하지 않는다. 현재의 환경이나 시대에 어울린다고 생각하는 차림새에 도전하면 된다. 이 얼마나 쉽고 간단한 일인가?

우선은 자기 나름으로 시대의 흐름을 관찰하고 그것을 행동으로 옮겨보자. 패션이나 일, 커뮤니케이션 등 모든 것은 죽을 때까지 공부해야 한다. 이러한 마음가짐으로 패션을 즐길 줄 아는 비즈니스맨들이 늘어나기를 진심으로 바란다.

Part 2. Get It Color

비즈니스 세계에서 하얀 셔츠가 내뿜는 매력 • 절제미를 표현하는 완전무결한 컬러 • 평생 단 두 벌의 슈트만 입어야 한다면 • 내공 없는 화려함은 속 빈 강정과도 같다 • 냉정과 열정 사이, 블루&레드 • 노란색과 보라색으로 배우는 색의 양면성 • 이런 색의 옷은 절대 입지 마라 • 야수를 미남으로 만드는 넥타이 컬러? • '아저씨'라는 호칭을 유발하는 컬러 코드 • 내 구두와 찰떡궁합인 양말 색은? • 색(色)을 아는 남자가 성공한다

16

비즈니스 세계에서 하얀 셔츠가 내뿜는 매력

많은 비즈니스맨들이 '멋'이라고 하면 컬러 셔츠나 줄무늬가 들어간 셔츠 등, 하얀색 이외의 셔츠를 떠올린다. 그러나 '셔츠는 하얀색에서 시작해 하얀색으로 끝난다'라는 말이 있을 정도로, 하얀 셔츠는 비즈니스 스타일의 기본이자 가장 멋스러운 셔츠다. 서양에서는 19세기 후반까지 슈트 속에 하얀 셔츠를 입어야만 신사 대접을 받았다고 한다. 또 하얀 셔츠는 단순해 보이는 색감 속에 좌중의 이목을 집중시키는 힘이 내재되어 있다. 요컨대 비즈니스맨이 꼭 마스터해야 할 패션 아이템인 것이다.

비즈니스 복장은 단순할수록 좋다

30대 후반 정도 되는 한 비즈니스맨의 이미지 컨설팅을 의뢰받은 적이 있다. 그는 스스로를 패션 리더라고 칭하며 화려한 복장을 매일매일 연출하는 사람이었다. 영업 쪽 일을 하고 있던 그는 노력 대비 실적이 좋지 않자 동료의 권유로 이미지 컨설팅을 의뢰하게 되었다고 했다. 처음 사무실로 찾아왔을 때 그의 복장은 물방울 무늬가 요란하게 들어간 넥타이에, 밝은 원색 계열의 컬러 셔츠 차림이었다. 필자는 그의 실패 요인을 지나치게 튀어 보이는 옷차림에 두고 이미지 컨설팅에 착수했다.

필자는 의뢰인에게 짙은 네이비색 재킷에 같은 계열의 색상에 스트라이프 무늬가 들어간 넥타이, 하얀 셔츠를 권해주었다. 어느 곳 하나 튀지 않는 데

가 없었던 중구난방 스타일에서 통일성을 갖춘 깔끔한 복장으로 갈아입자 그는 몰라보게 차분한 이미지로 변신했다. 며칠 후, 영업 실적이 느리긴 하지만 점점 오르고 있다는 기쁜 소식이 전해졌다.

'Simple is best!' 비즈니스 세계에서 널리 알려진 이 말은 비즈니스맨들이 꼭 기억해둬야 할 철칙이기도 하다. 미로에 빠졌을 때 복잡하게 얽힌 일들을 모두 끊어버리고 단순하게 생각하면 어느덧 문제가 풀리는 순간이 있다. 이것은 비즈니스 세계를 경험한 사람이라면 누구나 아는 법칙이다.

외적인 인상을 만들어내는 옷차림도 마찬가지다. 복잡하게 꾸미려 하면 할수록 정작 중요한 것들을 잃게 된다. 불필요한 사항들을 생략하고 단순하게 꾸밀수록 매력적으로 보인다. 따라서 단순하게 입으면서도 지금보다 더 좋은 인상을 남기는 사람이 되고 싶다면 하얀 셔츠를 최대한 활용해보자.

더욱이 하얀 셔츠는 어떤 넥타이와도 잘 어울린다. 슈트와 잘 어울리면서도 T.P.O에 맞는 넥타이를 선택하기만 하면 패션을 완성시킬 수 있다. 옷을 잘 입지 못하는 사람이라면 되도록 하얀 셔츠를 활용하는 것이 좋다.

못난 얼굴형을 보완해주는 셔츠 칼라 스타일

하얀 셔츠라고 하면 흔히 '와이셔츠'를 떠올릴 것이다. 여담이지만 와이셔츠는 '화이트셔츠'의 잘못된 일본식 발음이다. '드레스셔츠'가 올바른 명칭이니

기억해두자.

요즘은 하얀 셔츠도 예전에 입던 것처럼 반질반질하고 칼라가 딱딱한 스타일만 있는 것은 아니다. 여러 가지 원단으로 제품을 만드는데다가 칼라의 폭이나 모양도 다양해졌다. 가장 기본적으로 널리 알려진 '레귤러 칼라'를 비롯하여 '버튼다운 칼라', '핀홀 칼라', '라운드 칼라' 등 다양하다. 칼라의 폭과 모양은 자신의 얼굴과 체형에 맞추어 선택하면 된다.

가령 둥근 얼굴형을 가진 사람이라면 셔츠의 칼라는 직각 형태가 좋다. 반대로 각진 얼굴형의 사람이라면 칼라는 둥근 것이 좋다. 얼굴형과 반대되는 형태의 칼라를 고르면 무난하게 매치할 수 있다.

| 레귤러 칼라 |

셔츠의 가장 기본적인 칼라 형태로 아래로 쏠리는 느낌을 주는 좁은 형태가 특징이다. 동그란 얼굴형에 잘 어울린다.

| 와이드 스프레드 칼라 |

레귤러 칼라에 비해 넓게 벌어져 있는 형태가 특징이다. 단정함을 강조하기에 적합하며 갸름한 얼굴형이나 커다란 얼굴형을 보완해주는 스타일이다. 영국 윈저 공이 고안했기 때문에 '윈저 칼라'라고도 부르는 이 셔츠는 굵직한 넥타이와 매치했을 때 중후하고 고급스러운 느낌을 연출할 수 있다.

| 라운드 칼라 |

깃 모서리가 둥근 형태를 띠는 칼라다. 둥근 얼굴보다는 이목구비가 뚜렷한 남성적인 얼굴에 보다 더 잘 어울린다.

| 버튼다운 칼라 |

20세기 초 영국에서 폴로 경기 중 바람에 깃이 날려 시야를 가리는 일을 방지하기 위해 고안된 칼라다. 국내 캐주얼 셔츠는 대부분 이 버튼다운 칼라를 사용한다. 버튼다운 칼라는 넥타이를 함께 매치해서 연출하는 것이 가장 잘 어울리며 긴 얼굴형을 보완해준다.

| 핀홀 칼라 |

칼라에 핀을 끼우는 구멍을 뚫고, 넥타이 매듭 아래쪽에서 양쪽 칼라를 핀 모양의 액세서리로 여미는 스타일의 칼라다. 20세기 초에 미국에서 유행했던 스타일로 격식을 차리는 턱시도 스타일링 등에 자주 활용된다. 목이 길고 턱 선이 날렵한 사람에게 잘 어울린다.

절제미를 표현하는 완전무결한 컬러

아침에 일어나서 샤워를 하고, 머리를 손질한 뒤 허리 주변에 자연스럽게 향수를 뿌린 다음 하얀 셔츠를 입은 비즈니스맨! 그 모습은 필자가 생각하는 가장 이상적인 비즈니스맨의 모습이다. 하얀색 옷을 몸에 걸친 남성은 친근하면서도 아름답게 보인다.

'남성의 편'이라고도 할 수 있는 하얀색은 비즈니스맨이라면 도저히 활용하지 않을 수 없는 색이다. 모든 색을 반사하는 하얀색은 검은색과 마찬가지로 무(無)의 색이다. 검은색이 모든 빛을 흡수하는 데 반해, 하얀색은 빛을 반사함으로써 더욱 희게 보여 입은 사람을 돋보이게 만드는 힘이 있다.

화려하지 않아도 시선을 주목시키는 하얀색의 힘

같은 무채색이지만 하얀색은 검은색과는 근본적으로 다른 특징이 있다. 검은색은 다른 색을 끌어당긴다기보다는 흡수해버린다. 그렇기 때문에 검은색만큼 화려한 색이 없다고도 한다. 한편 하얀색은 다른 색을 돋보이게 하는 효과가 있다. 심지어 '전 세계에 어디에도 하얀색이 어울리지 않는 사람은 없다'라는 말도 있다.

유채색이든 무채색이든 색에는 각각 장점과 단점이 있다. 환경이나 상황에 따라 긍정적인 작용을 할 때도 있고 부정적인 작용을 할 때도 있다. 하지만 하얀색은 오직 장점만 있을 뿐 단점이 없는 색이라고 단언할 수 있다.

온몸을 하얀색으로 감싸도 결코 화려하지 않고, 원 포인트로 활용해도 존재감을 부각시킬 수 있는 최고의 색이 바로 하얀색이다. 더러워진 부분이 쉽게 눈에 띈다는 것 정도만 제외하면 여러 면에서 활용도가 높은 색이다.

앞에서도 몇 번 설명했듯이 비즈니스용 셔츠로 가장 적합한 색은 하얀색이다. 하얀색 셔츠가 촌스럽다는 사람은 최근 패션 동향을 잘 모르는 사람이다. 최근에는 하얀 셔츠의 소재나 원단 종류도 다양하고 풍부해졌다.

로열 옥스퍼드라고도 불리는 올록볼록한 느낌의 소재는 하얀색 셔츠를 위한 최고급 원단이다. 거기에 포인트로 하얀 리넨 포켓 행커치프를 꽂으면 세련된 인상을 풍길 수 있다.

캐주얼한 복장에도 OK!

하얀색은 캐주얼한 의상에서도 폭넓게 활용할 수 있는 색이다. 상큼한 인상을 주는 색이기 때문에 캐주얼하게 활용하기 쉽다. 네이비 재킷과 베이지 면바지 등에 매치하면 상큼하면서도 깔끔한 이미지가 되고, 골프 뒤 모임 등에 입고 가도 손색없는 의상을 연출할 수 있다.

하얀색 셔츠는 어느 복장과도 무난하게 잘 어울리지만 네이비 재킷과 매치하면 캐주얼하면서도 품격 있는 인상을 자아낸다.

하얀색 재킷 또한 멋지게 활용할 수 있는 패션 아이템이다. 마른 체형은 길이가 짧은 하얀색 재킷에 청바지를 함께 입으면 자연스러우면서도 절묘한 캐주얼 의상을 완성할 수 있다.

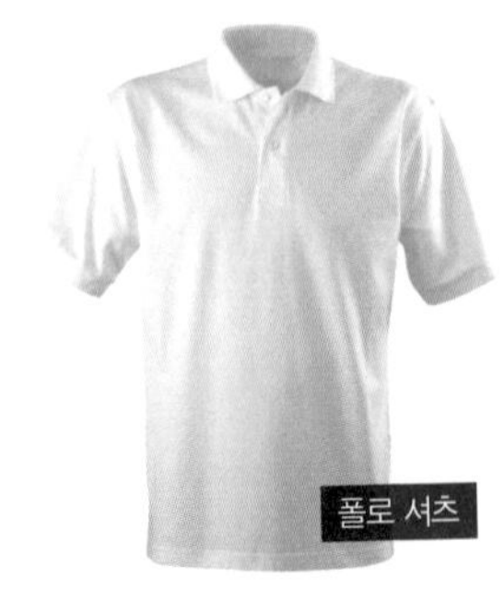

하얀색 의상을 고를 때는 구김이 잘 가지 않는 빳빳한 재질을 고르는 것이 중요하다.

하얀색을 포인트로 활용하고 싶다면, 캐주얼 차림일 때는 하얀색 신발을 신으면 젊고 경쾌한 인상을 줄 수 있어서 좋다. 특히 청바지 차림에 새하얀 스니커즈를 신으면 한 단계 높은 패션 센스를 과시할 수도 있다.

하얀색 폴로 티나 티셔츠도 캐주얼의 정석이다. 단 하얀색 의상은 '빳빳한 재질'을 선택하는 것이 중요 포인트다. 구깃구깃해진 하얀색 옷은 자칫 속옷처럼 보이거나 촌스러운 느낌을 줄 수도 있기 때문이다.

겨울 패션에 생기를 더하는 하얀색 머플러와 숄

가을부터 겨울에 걸쳐서는 새하얀 혹은 오프 화이트(Off white, 완벽한 하얀색과 다소 차이가 나는 하얀색 계통의 색상) 숄 등을 활용하면 따뜻하면서도 멋스러운 인상을 풍길 수 있다. 무거운 코트나 가죽 재킷을 입고 이런 숄이나 머플러를 목에 두르면 화려하면서도 남성적인 인상을 연출할 수 있다.

검은색 오버코트 또는 체스트필드형 코트에 도톰한 소재의 하얀 머플러를 매치하면 남성적이면서 댄디한 인상을 연출할 수 있다.

행커치프 접는 법

TV 폴드(TV·Fold)

가슴 포켓 절단선과 평행으로 행커치프를 1센티미터 정도 보이게 하는 방법이다. 정방형이 되도록 네 번 접고, 포켓 가로 폭에 맞춰서 한두 번 접은 후, 깊이에 맞도록 한 번 접어서 꽂는다.

트라이앵글 폴드(Triangle Fold)

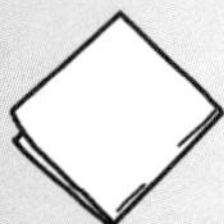
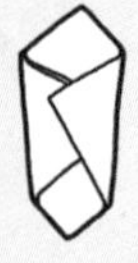

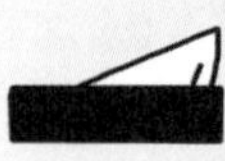

행커치프를 정사각형으로 접고 양끝 모서리를 접어서 올린다. 이때 왼편보다는 오른편을 더 많이 접는다.

멀티 포인티드 폴드(Multi-pointed Fold)

행커치프를 약간 빗나간 삼각형 모양으로 접고, 삼각형 모양의 한쪽 모서리를 반대편으로 접어 올린다. 다른 한쪽의 모서리도 반대편으로 접어 올리면 완성이다.

퍼프드 폴드(Puffed Fold)

가장 클래식한 스타일로 네 개의 각을 가지런히 정리해서 아래로 향하게 한 뒤 포켓에 넣으면 간단하게 완성된다.

평생
단 두 벌의 슈트만
입어야 한다면

드라마 〈미생〉(프로 바둑기사를 꿈꾸던 주인공이 프로 입단에 실패한 후 대기업에 인턴 사원으로 입사하면서 냉혹한 현실에 부딪히는 이야기)의 등장인물들은 대부분 어두운 색 슈트를 입는다. 뉴욕 월스트리트나 런던의 금융 업계에 종사하는 비즈니스맨들이 입는 옷도 대부분 어둡다. 금융 업계뿐 아니라 다른 업종에서도 대부분 어두운 색 슈트를 선호한다.

그중에서도 특히 '네이비'와 '다크 그레이'는 비즈니스 슈트를 찾는 많은 사람들에게 단연 사랑 받는 색깔이다. 필자 역시 고객을 만나러 가거나 중요한 계약이 걸려 있는 자리에 나갈 때면 단연 네이비와 다크 그레이 슈트를 선택한다. 이 두 가지 색깔에는 비즈니스맨에게 꼭 필요한 '어떤' 이미지가 내재되어 있기 때문이다.

상대의 마음에 소리 없이 말을 거는 '색상'

네이비나 다크 그레이에는 한 가지 공통점이 있다. 두 색상 모두 무채색이라는 점이다. 무채색과 유채색은 사람에게 심리적으로 미치는 영향이 크게 다르다. 무채색은 회색, 하얀색, 검은색 등 색조가 없는 색을 뜻한다. 화려하지 않고 단순한 색감이기 때문에 보는 사람의 마음을 차분하게 만들어준다. 반면에 유채색은 일명 무지갯빛이라고 부르는 빨간색, 주황, 노랑, 초록, 파란색, 남색, 보라색 등의 색을 말한다. 화사한 빛깔을 자랑하는 유채색은 각각의 색이 가진 개성이 뚜렷하다.

이러한 색들을 동그란 판에 배열했을 때 빨간색과 초록, 보라와 노랑처럼 서로 극명하게 대조되는 색을 '보색'이라고 한다. 보색은 서로 나란히 배치하면 두 색의 파장이 대비되면서 강렬한 인상을 남긴다. 마치 거리에서 화려한 사람에게 주목하게 되는 것과 같은 이치다. 그렇기 때문에 보색은 사람들의 주목을 받아야 하는 국기나 기업 로고, 간판 등에 널리 활용된다.

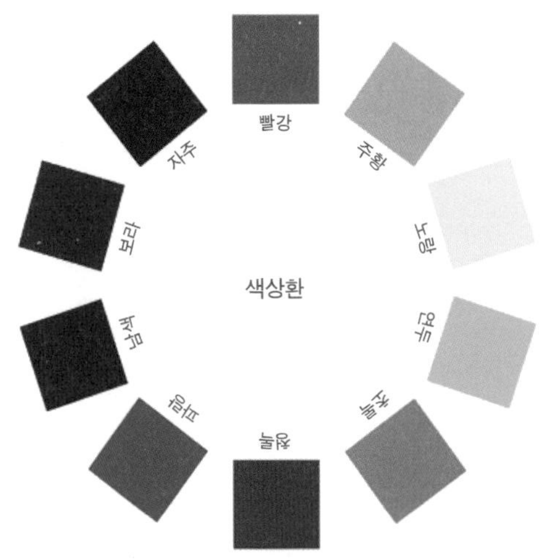

색을 스펙트럼 순서로 둥그렇게 배열한 고리 모양의 도표.

슈트의 색깔이 당신의 인상을 결정짓는다

앞서 네이비와 다크 그레이가 비즈니스맨에게 꼭 필요한 색깔이라고 말했다. 사람을 차분하게 만들어주는 무채색이라는 점 이외에, 두 색깔이 가지고 있는 장점은 무엇일까?

네이비의 명칭은 '로열 네이비'Royal navy라고 하는 영국 해군의 이름에서 유래한다. 네이비는 '성실함'이라는 이미지를 내포하고 있어서 영국 신사들 사이에서 높이 평가 받던 색이다. 엘리자베스 2세의 손자인 윌리엄 왕세자도 공식석상에 모습을 드러낼 때 네이비 슈트를 애용한다.

네이비 슈트는 완고한 이미지를 주는 검은색 슈트보다 훨씬 밝고 세련되어 보인다. 특히 입는 사람을 스마트한 인상으로 포장해주어 격식을 갖춰야 하는 자리도 무리 없이 소화해낼 수 있다. 또한 어느 계절에나 잘 어울리며 특별히 신경 쓰지 않고 입어도 옷차림을 멋지게 연출할 수 있기 때문에 가장 활용도가 높다.

검은색은 격식을 차린 자리에 잘 어울리는 색상이다. 이러한 검은색에 하얀색을 약간 가미한 색이 바로 다크 그레이, 즉 회색이다. 회색은 색들이 제각각 지닌 개성을 모두 흡수한 색이다. 그렇기 때문에 회색을 개성이 없는 색이라고도 한다.

하지만 회색을 비롯한 무채색들은 사람의 마음을 안정시키는 효과가 있다. 앞에서도 설명했듯이 색상환 상에 있는 보색끼리 나란히 늘어놓으면 강렬한 인상을 남긴다. 그런데 강렬한 색을 남기는 그 색들을 모두 섞으면 어떤 색이 될까? 무채색인 회색이 된다.

회색은 검은색과 하얀색을 섞어서 만들 수 있는 색이기 때문에 조화의 색이라고도 말한다. 회색은 존경할 만하고 중립적이며 위엄 있고 명민한 느낌을 준다. 또한 모든 색을 흡수해서 안도감을 주는 색이기 때문에 무리수를 두지 않으면서도 스마트한 모습

사회적 위치와 이미지에 어울리는 네이비 슈트를 잘 활용하는 윌리엄 왕세자와 케이트 왕세자비.

을 유지해야 하는 비즈니스 슈트로 가장 안전한 선택 가운데 하나다.

비즈니스 현장에서는 기호가 각기 다른 타인끼리 모여 협력을 해야 한다. 따라서 개성을 나타내는 유채색이나 화려한 보색보다는 무채색 슈트가 비즈니스용으로 더 적합하다. 자신의 개성을 드러내고 싶다면 V존과 같이 좁은 부위에 넥타이(27p 넥타이 활용법 참조), 스카프 등으로 유채색을 활용하는 것이 좋다.

19

내공 없는 화려함은 속 빈 강정과 같다

1년에 한두 번쯤, 화려한 보라색이나 터키석처럼 푸른색이 감도는 슈트를 입고 인상 관리 연수에 참여하는 비즈니스맨들을 발견하게 된다. 최근에는 비즈니스 캐주얼이 유행하기 때문인지, 공적인 자리에서도 극도로 밝은 원색까지는 아니더라도 상당히 또렷한 줄무늬 슈트를 즐겨 입는 남성들이 늘었다. 어쩌면 한 남성지에서 '꽃중년'에 관한 기사를 다룬 이래 비즈니스맨들 사이에서 화려함을 추구하는 현상이 나타나게 된 탓일 수도 있다.

하지만 화려한 색상의 핀스트라이프Pinstripe 슈트를 입은 모 정당 당수가 주장하는 내용이 그다지 진실하게 들리지 않았던 것은 어째서일까? 화려한 복장을 입을 때는 그 옷차림에 묻히지 않을 정도의 내공이 밑받침되어야 하기 때문이다.

밝은 색감에 화려한 패턴이 들어간 옷은 캐주얼하고 산만해 보인다는 인상을 줘서 비즈니스용 슈트로는 적합하지 않다. 비즈니스용으로는 사진에서 오른쪽 슈트가 비교적 적합하다.

화려함은 실적을 쌓은 뒤 나타낸다

이따금 젊은 비즈니스맨들이 이미지 컨설팅을 받으러 사무실에 방문하고는 한다. 직업의 특성상 아무래도 그들의 첫인상에 늘 신경이 쓰인다. 그러다 보면 패션 센스가 떨어지는 사람들에게는 주저 없이 무료로 조언도 해주게 된다. 하지만 너무나도 화려한 핀스트라이프 슈트를 입은 비즈니스맨들은 어떻게 대해야 할지 대책이 서지 않는다. 보통 이런 차림을 한 사람들은 자신의 패션 감각에 자부심이 강하기 때문이다.

그래서 처음에는 "왜 이런 스타일의 슈트를 고르셨나요?" 혹은 "멋쟁이시네요!"라는 식으로 칭찬을 해보기도 한다. 하지만 그러면 이들의 자부심은 점점 높아질 뿐이다. 그들에게서는 자신의 스타일에 문제가 있을 수도 있다는 겸손함이나 불안감은 조금도 찾아볼 수가 없다.

간신히 말을 고르고 골라 "그런 옷차림이라면 자칫 오해를 받을 수도 있어요. 처음 방문하는 자리라면 무늬가 없는 슈트가 적합하겠죠!"라며 여러 차례 조언을 해보기도 했다. 하지만 그 결과 대부분은 점점 얼굴이 일그러져서는 불쾌한 내색을 보이기 일쑤였다. 만일 20대라면 젊은 혈기를 탓해보겠지만, 중년에 접어든 나이가 되어서도 이런 식이라면 어떻게 손을 쓸 도리가 없다.

비즈니스의 세계에서도 마찬가지다. 20대라면 무작정 일에 도전해보기도 하고, 성공과 실패를 두루 경험하는 것이 허용된다. 특히 이 시기에는 실패를 많이 경험해도 상관없다. 조금은 무례한 말이나 행동을 하더라도 젊은이의 미숙함 때문이라며 너그럽게 이해해주기도 한다.

하지만 30대에 접어들면 상황이 완전히 바뀐다. 상사나 선배의 태도가

| 슈트에 자주 쓰이는 네 가지 패턴 |

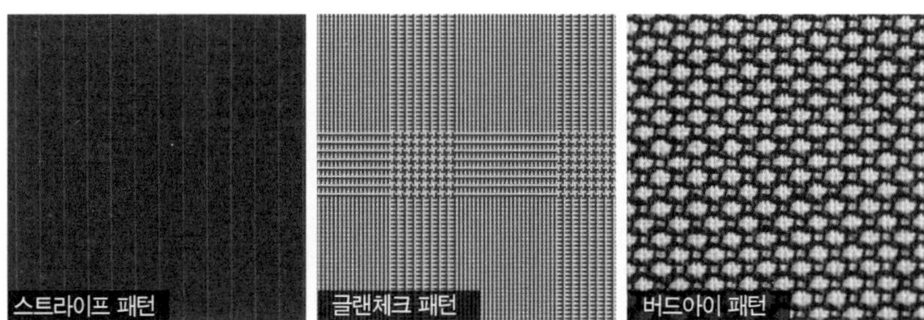

스트라이프 패턴 글랜체크 패턴 버드아이 패턴

윈도페인 패턴 슈트

엄격해짐은 물론 부하 직원이나 후배들의 이목도 냉정해진다. 당연히 거래처의 기대치도 높아지기 때문에 성과를 내지 못하면 나쁜 평가를 받을 수밖에 없다.

이러한 중요한 시기에 화려한 핀스트라이프 슈트 차림으로도 당당해지고 싶다면 그에 적합한 '업무상의 성과'가 수반되어야 한다. 앞서 화려한 색상의 옷은 입은 사람을 다소 가벼워 보이는 인상으로 보이게 만든다고 했다. 만약 당신이 업무적인 실적과 실력이 없는 상태에서 이런 가벼운 인상의 옷을 입는다면 '요란한 빈 수레'로 비춰져도 할 말 없다.

패션에도 왕도가 존재한다

필자가 존경하는 어느 대선배는 이렇게 말했다.

"비즈니스에 왕도는 있다. 왕도를 똑바로 걷는 일이 가장 중요하다."

인생 경험을 쌓으면 쌓을수록 이 말이 새록새록 가슴에 와 닿는다. 물론 선배의 말뜻은 일 그 자체를 두고 하는 말이지만, 필자의 개인적인 의견을 덧붙이자면 패션에 있어서도 마찬가지다.

비즈니스에서는 어두운 색 슈트가 왕도다. 특히 무채색이면서 마음을 차분하게 해주는 색이 있다. 바로 짙은 네이비나 다크 그레이와 같은 색이다. 이러한 기본 색상은 세계 어느 곳, 어떤 업계에서든 통용된다. 만약 핀스트라이프 슈트나 체크 슈트에 도전해보고 싶다면 너무 밝은 색보다는 어두운 색상을 고르는 게 좋다. 정해진 길에서 벗어나지 않는 마음가짐을 차분한 색상의 옷차림으로 표현하는 것도 성공하는 비즈니스맨이 갖추어야 할 기본적인 패션 감각이다.

20

냉정과 열정 사이,
블루&레드

BLUE

RED

2012년 재선에 성공한 미국 오바마 대통령은 연설할 때 다양한 색의 넥타이를 매고 나온다. 그는 평소에 회색처럼 차분하고 세련된 넥타이를 즐겨 한다. 하지만 빨간색과 파란색 넥타이를 적절하게 구분하여 매고 연설하는 모습을 볼 때면 넥타이에 담긴 그의 정치적 의도가 어느 정도는 추측된다.

미국에서는 이미지 컨설팅의 일환으로 색채심리학에 관한 연구가 활발하다. 색채심리학은 색이 인간의 몸과 심리에 미치는 영향을 밝히고 일상에서 색을 활용할 수 있는 방안을 제시한다.

거슬러 올라가면 1960년 닉슨과 케네디가 경합한 대통령 선거에서는 케네디가 이미지 전략을 포함한 미디어 전략으로 열세를 뒤집고 승리를 거두었다. 그 뒤 미국에서는 정치가들이 이미지 컨설팅을 적극 활용하게 되었다.

색으로 사람의 심리를 움직인다

오바마 대통령이 구분지어 활용하는 빨간색과 파란색에는 정반대의 기능이 있다.

우선 흥미로운 연구 결과를 한 가지 소개한다. 가구와 벽 등을 모두 파랗게 색칠한 방과 빨갛게 색칠한 방을 각각 준비했다. 그리고 각각의 방에서 피험자들이 15분 동안 자유롭게 시간을 보내도록 했다. 그 결과 유독 어떤 한 방에 있었던 피험자들은 그 방에서 15분보다 오래 머물렀다고 느끼는 경향이 나타났다. 빨간색과 파란색, 둘 중 어떤 방에 있었던 피험자들일까?

정답은 빨간색이다. 피험자들을 대상으로 15분 동안 심박수와 혈압을 각각 측정했더니 빨간색 방에 있었던 피험자들은 심박수와 혈압이 모두 상승했다. 반면, 파란색 방에 있었던 피험자들에게서는 반대의 결과가 나타났다. 요컨대 빨간색 방에 있었던 피험자들은 심박수가 많았던 만큼 오래 머물렀던 것처럼 느꼈다.

이처럼 색의 원리를 교묘하게 이용한 예가 바로 맥도널드와 같은 패스트푸드점들이다. 빨간색을 활용한 인테리어로 인해 손님들은 매장 안에 머문 시간을 길게 느끼게 된다. 그 때문에 매장의 고객 회전률이 높아지고 이는 매출 향상으로 이어진다. 뿐만 아니라 혈압이 높아지기 때문에 식욕 증진 효과까지 기대할 수 있다.

반대로 카운터 앞에 열대어가 담긴 수조를 놓은 바에서는 파란색을 기본색으로 활용해 인테리어 함으로써 같은 시간이라도 짧게 느껴지도록 한다. 그로 인해 손님들이 오랜 시간 그곳에 머물도록 만드는 전략이다. 그러다 보면 당연히 칵테일 한 잔이라도 더 주문하게 된다. 또한 혈압이 적당히 떨어지기 때문에 알코올 섭취량도 늘어난다.

먹음직한 고기 색깔, 잘 익은 과일 색을 연상시키는 빨간색은 음식료 업계에서 선호하는 색이다.

이 외에도 색이 사람에게 미치는 영향은 실생활에서도 입증된 바 있다. 런던의 템스 강에 있

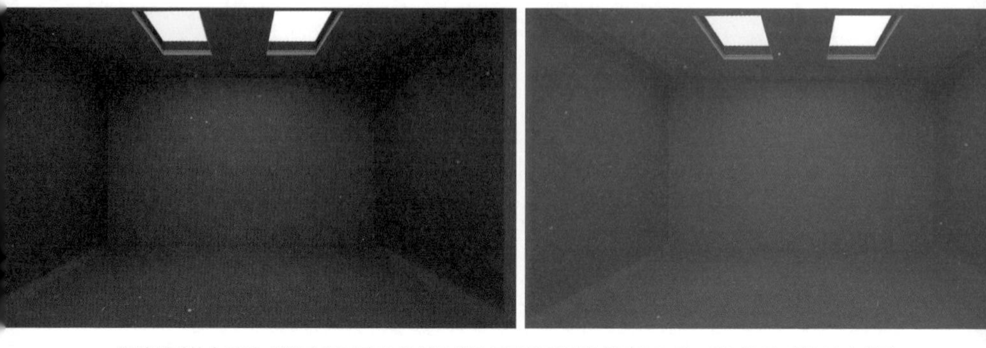

흔히 활력이나 전쟁, 위험과 연관되어 온 붉은색은 강렬한 감정을 불러일으키는 색으로 이 색을 보면 신진대사가 활발해지고 호흡이 빨라진다. 또한 식욕을 증진시키는 효과가 있어서 음식점 등에 자주 활용된다. 반면 푸른색은 사람의 감정을 차분하게 만들어주며 머문 시간보다 짧게 느끼게 한다. 수족관을 들여다보고 있으면 시간이 빨리 가는 것은 바로 이 때문이다.

는 다리는 원래 검은색이었는데, 많은 사람들이 그곳에서 자살을 해서 다리를 녹색으로 바꿔서 칠했다. 그러자 자살률이 크게 줄었다고 한다. 또한 주황색의 가로등보다 푸른색의 가로등이 범죄율을 떨어뜨린다는 연구 결과가 보고되기도 했다.

비즈니스에 색상을 활용하면 승리의 열쇠가 보인다

다시 본론으로 돌아가자면, 오바마 대통령의 빨간색 넥타이와 파란색 넥타이에는 각각 청중의 마음에 무엇인가를 호소하고 싶은 목적이 숨겨져 있다. 빨간색 넥타이에는 청중의 마음에 활력을 불어넣고 싶다는 의도가 내포되어 있다. 그리고 파란색 넥타이에는 청중의 심리를 냉정하게 만들려는 목적이 담겨 있다.

따라서 거래처로부터 냉정한 의사 결정이 있기를 기대하는 상황에서 빨간색 넥타이는 금물이다. 특히 사죄를 해야 하는 자리라면 반드시 파란색 넥타이를 해야 한다. 한편 상대의 마음을 고양시키고 싶은 상황, 예를 들어 결기 대회나 교섭을 매듭지을 때에는 빨간색 넥타이가 이야기를 화려하게 마무리하도록 도와준다. 모든 사람의 기분을 홍겹게 해주고 그 자리를 밝게 빛내주기 때문이다.

물론 단순히 빨간색, 파란색이라고 표현했지만 색채를 활용할 수 있는 범위는 매우 넓다. 빨간색에 노란색이 더해지면 주황에 가까워지면서 활력과 에너지가 느껴지는 색이 된다. 또한 빨간색에 파란색이 약간 더해지면 레드 와인에 가까운 색이 되면서 같은 빨간색이라고 해도 차분하면서도 개방적인 인상을 준다. 그 때문에 자유로운 분위기의 회의나 파티 등에 주로 이용된다. 빨간색에 파란색이 많이 더해지면 보랏빛이 감돌면서 매우 고급스러운 분위기를 만든다. 뿐만 아니라 제각각의 색상에 하얀색을 더하면 명도가 높아져서 밝고 상쾌한 인상으로 바뀐다. 반면 검은색이 더해지면 차분하고 중후한 인상으로 변한다.

상대에게 어떠한 인상을 주고 싶은지 분석하는 데서 한 발 더 나아가 상담이나 회의의 분위기 혹은 상대의 기호 등을 고려해서 색상을 선택했을 때 비즈니스 센스 역시 돋보인다.

21

노란색과 보라색으로 배우는 색의 양면성

신호등의 노란색이 '주의'를 뜻하듯이 노란색은 사람의 관심을 끄는 데 효과적인 색이다. '위험' 또는 '경고'를 뜻하는 빨간색과는 달리, 노란색은 눈에 잘 띄는 색이지만 거부감이 들지 않고 친숙한 느낌을 준다. 노란 옷을 입은 유치원생들의 모습은 눈에 잘 띌 뿐 아니라, 보기만 해도 저절로 미소가 지어진다. 또 친숙한 이미지로 선거 유세를 펼치는 정치인들을 살펴보면 노란색 넥타이를 매치한 것을 볼 수 있다.

반면 보라색은 신비로운 분위기와 함께 고급스러운 느낌이 드는 색상이다. 온몸을 보라색으로 두른 여인이 있다고 상상해 보자. 왠지 신비로워 보이지만 가까이하기 어려운 인상이 느껴진다. 이처럼 색은 그 색만이 가지고 있는 고유의 이미지가 있다. 같은 색이라도 그 색에서 느껴지는 이미지는 극과 극으로 다를 수 있다. 노란색과 보라색을 통해 색깔이 가지고 있는 양면성에 대해 알아보자.

친숙하거나 유치하거나, 노란색

노란색은 우리 주변에서 쉽게 찾아볼 수 있는 색이다. 태양을 향해 활짝 핀 해바라기, 과일 가게에 즐비한 자몽과 레몬 등을 머릿속에 떠올리기만 해도 활기찬 기분이 든다. 이런 이유에서 노란색은 비타민색이라고도 한다.

다채로운 캐릭터들이 등장하는 〈포켓몬스터〉(게임을 원작으로 제작된 아동용

애니메이션)에서도 주인공인 피카츄는 노란색이다. 어린이들에게 밝고 친숙한 이미지를 전달하는 데 적합한 색이기 때문이다.

그러나 친숙하다는 장점도 있지만, 노란색은 '안정감 없는 색', '유치한 색'이라는 부정적인 인상을 가지고 있다는 점을 잊지 말아야 한다. 색채심리학 연구에 따르면 노란색은 비현실적이고 공상적인 색이라고 한다.

천재 화가 고흐는 노란색으로 가득한 집에 살며 노란색으로 그림을 그리고 일생을 노란색에 매료되어 있었다. 물론 고흐가 노란색을 즐겨 사용한 데는 화가로서의 깊은 의도가 숨겨져 있겠지만, 비즈니스 현장에서는 노란색을 상황에 따라 적절하게 구분해서 사용하는 센스가 필요하다. 자칫 잘못 사용했다가는 단순히 이상만을 추구하는 몽상가처럼 보일 수도 있기 때문이다.

노란색 넥타이는 처음 만난 자리나, 업무적인 이야기는 배제한 사적인 커뮤니케이션을 진행하고 싶을 때 적당하다. 특별히 어떤 주장을 내세우지 않고 상대의 마음을 편안하게 만들어 내 편으로 만들고 싶을 때 적합한 패션 아이템이다. 단 원색인 노란색은 파티처럼 분위기가 상당히 들뜬 자리에 비교적 적당하다.

빈센트 반 고흐의 〈노란 집〉. 고흐의 방이 있던 아를의 한 건물을 그린 그림이다. 이 노란 집은 고흐의 희망이자 동시에 현실의 비극을 예감하게 만드는 상징이다.

고급스럽거나 미쳐 보이거나, 보라색

색상환에서 노란색과 대조되는 색은 보라색이다. 노란색과 보라색을 나란히 두면 마치 빨간색과 초록색처럼 강렬한 인상을 주는 색의 조합이 된다.

노란색이 친밀하고 활기를 불어넣는 색인 데 반해 보라색은 신비롭고 타인이 접근하기 어려운 고급스러운 느낌을 준다. 승려의 가사(袈裟, 승려가 장삼 위에, 왼쪽 어깨에서 오른쪽 겨드랑이 밑으로 걸쳐 입는 법의)에도 사용되는 보라색은, 예부터 권력의 최고 단계를 상징하는 색이기도 했다. 일본의 성덕태자(聖德太子, 6세기 후반 용명천황의 아들로 태어나 일본에 불교를 중흥시킨 인물)가 재정한 관위 12계(冠位十二階, 605~648년까지 시행된 일본 최초의 관위 제도)에서는 보라색이 가장 높은 지위를 나타나는 색이다.

로마시대에는 보라색을 조개에서 추출해서 염료를 만들었기 때문에 무척 희귀해서 황실 전용품에만 쓰였다고 한다. 중세시대에도 이런 전통이 이어져서 보라색은 귀족의 색깔이었다. 또한 보라색은 하늘을 뜻하는 파란색과 인간의 피를 뜻하는 빨간색의 중간에 놓인 색으로 하늘의 뜻을 인간에게 전한다는 의미에서 성직자를 상징하기도 했다.

기원전 유럽에서는 보라색 염료를 얻기 위한 방법이 한 가지밖에 없었다. 지중해에서 자라는 조개의 체액을 원료로 만드는 방법이었는데 노동력과 비용이 막대하게 들어서 그 당시 보라색 염료는 무척 희귀했다.

보라색은 상대가 권위적으로 받아들일 가능성도 있는 색이기 때문에 노란색과 마찬가지로 신중하게 사용해야 한다. 특히 윗사람을 만나는 자리에서는 보라색 넥타이는 피하는 편이 좋다.

영화에서 보라색은 범죄자의 색깔로 쓰이기도 한다. 영화 〈다크 나이트〉에서 조커 역을 맡았던 히스 레저는 하얗게 분칠한 얼굴과 보라색 오버코트 등의 소품을 매치해서 조커룩을 완성시켰다.

또한 보라색은 색채심리학에서 불안함을 상징하는 색이다. 정서 불안, 질투, 우울한 상태를 나타내기 때문에 복장에 활용할 경우 포인트 정도로만 사용하는 것이 좋다. 넥타이 무늬에 보라색이 섞인 제품에 도전해보는 것도 좋은 방법이다.

노란색이나 보라색 모두 긍정적인 면과 부정적인 면이 존재한다. 따라서 상대에게 어떠한 인상을 주고 싶은지에 따라 적절하게 활용할 필요가 있다. 노란색이나 보라색은 캐주얼한 차림일 때는 하얀색과 함께 매치하면 밝고 활기찬 인상을 더할 수 있다. 색의 선택이 비즈니스를 긍정적인 방향으로 진행시킬 수도, 부정적인 방향으로 진행시킬 수도 있다는 사실을 기억해두자.

이런 색의 옷은 절대 입지 마라

어떤 기업 연수에 참여했을 때 필자 정면에 앉은 한 남성이 유독 눈에 띄었다. 온몸을 보라색 슈트로 감싸고 머리카락은 밝은 갈색으로 물들인 40대 후반 정도로 보이는 남성이었다. 어두운 색 계열의 슈트를 입은 남성들로 가득한 공간에서 그에게만 시선이 가는 것도 무리는 아니었다.

앞에서도 말했지만 보라색은 고급스러운 분위기가 느껴지는 색으로, V존에 살짝 활용할 수는 있다. 하지만 몸 전체를 보라색 옷으로 감싸는 패션은 금물이다. 색상 선택은 개인의 기호에 따라 얼마든지 취사선택이 가능한 부분이다. 하지만 보라색으로 온몸을 감싼 것도 모자라 머리색까지 지나치게 밝으니 마치 자신의 생각만 고집하는 괴짜 같은 부정적인 인상을 자아냈다.

앞서 인간은 타인의 외면을 보고 그 사람의 성격이나 가치관 등의 내면을 추측한다고 말했다. 그렇다면 외면을 대표하는 색상도 당신의 인상을 결정짓는 정보로 작용할 수 있다. 그렇기 때문에 주위의 평가를 중요시해야 하는 비즈니스맨이라면 인상 관리에 악효과를 미치는 색상의 옷은 피하는 편이 현명하다. 그렇다면 구체적으로 어떤 색상을 피해야 할까?

파워레인저처럼 보이고 싶지 않다면 유채색 슈트는 피하라

유럽의 슈트 역사를 살펴보면 슈트의 색상은 대부분 무채색 계통의 어두운 색이 선호되어 왔다. 특히 비즈니스맨의 슈트에는 우아함과 실용성을 동시에 지닌 검은색 또는 네이비, 다크 그레이 같은 색상이 자주 활용된다. 어두운 계열의 색상이 비즈니스용 정장 스타일로 고착되면서, 각각의 개성은 V존을 통해 표현하게 되었다. 슈트의 발상지라고도 할 수 있는 영국에서는 슈트는 어두운 색으로 입지만 V존은 다소 화려하다 싶을 정도로 장식하는 경향이 있다.

그런데 간혹 개성이 지나쳐서 V존에 활용할 법한 색상을 슈트 전체에 적용하는 비즈니스맨들을 종종 접할 때가 있다. 앞서 말했던 보라색 슈트로 온몸을 도배한다거나, 분홍색 또는 파란색 슈트로 개성을 뽐내는 경우다. 이런 차림은 본인의 개성이 돋보여야 하는 직업의 사람이라면 훌륭한 복장이 될 수도 있다. 그러나 구성원과의 조화를 지향해야 하는 비즈니스맨에게 개성은 득보다는 독이 될 수도 있음을 명심해야 한다.

유채색은 넓은 범위보다는 좁은 범위에 포인트로서 활용하는 것이 좋다. 위 사진과 같은 슈트 컬러는 비즈니스 복장으로는 최악이다.

분홍색은 여성적인 인상이 강하므로 V존 같은 좁은 곳에만 활용하는 것이 좋다.

부드러워 보이거나 경박해 보이거나, 분홍색

많은 남성들이 분홍색은 여성의 색이라고 생각한다. 실제로 분홍색은 '애교, 섹시함, 아름다움' 등을 나타내기 때문에 여성들에게 사랑받는 색이기도 하다. 옅은 분홍을 띠는 벚꽃은 아름답고 평온한 이미지다.

부드러움과 행복, 귀여움의 대명사인 분홍색은 공격적인 감정을 진정시키고, 정서를 안정시키는 색이다. 또한 여성스럽고 온화한 느낌이기 때문에 엄격해 보일 수 있는 모습을 완화시켜 주는 데 뛰어나다.

이러한 인상 때문에 분홍색은 때에 따라 경박하고, 믿음직하지 못하거나 대수롭지 않다는 느낌을 줄 수도 있다. 따라서 인상이 강한 남성들은 피하는 편이 낫지만, 넥타이 등 V존에 활용하는 정도는 괜찮다. 단 의견을 강력하게 어필해야 하는 자리에서는 절대 금물임을 명심하자.

편안해 보이거나 촌스러워 보이거나, 녹색

토론회에 항상 옅은 녹색 넥타이를 매고 등장하는 50대 남성 정치가가 있다. 녹색은 자연계 색상으로, 옅은 녹색은 새싹 같은 느낌이다. 녹색의 종류는 다양하다. 깊은 산림처럼 진한 녹색, 초봄의 새싹처럼 옅은 녹색, 한여름의 푸름과 같은 싱그러운 녹색 등……. 어쨌든 모든 녹색은 자연을 연상시킨다. 그렇기 때문에 '마음 편안함, 안전'이라는 느낌이 강하고 보는 사람의 마음마저 편안하게 해준다.

인테리어 등에는 활용 범위가 넓은 색이지만 비즈니스를 위한 패션에는 그다지 추천하고 싶지 않다. '자연'을 연상시키는 녹색을 패션에 활용하면 나른함, 시골스러운 느낌 등을 줄 수도 있기 때문에 비즈니스에서는 부정적인 영향을 미칠 수도 있는 색이다.

하지만 침엽수림처럼 짙은 녹색 넥타이는 50대 남성에게는 추천할 만하다. 반면 갓 싹이 튼 새싹처럼 옅은 녹색은 그다지 추천하지 않는 색이다. 요컨대 녹색은 상황에 따라 전략적으로 활용할 수는 있지만 일반적으로는 사용을 자제하는 편이 좋다.

마지막으로 갈색에 관하여 잠시 소개한다. 갈색 역시 녹색과 마찬가지로 자연계의 색이다. 그렇기 때문에 편안한 여유가 느껴지는 캐주얼한 색이다. 50세가 넘은 베테랑 비즈니스맨이라면 허용되지만, 아직은 예리함과 절도 있는 태도로 승부해야 하는 40대 이하 비즈니스맨이라면 상하 모두 브라운 계열의 슈트는 피해야 한다. 내공을 쌓은 뒤에 화려함을 추구해야 하는 것처럼 부드러운 인상 역시 어느 정도 경력이 쌓인 뒤에 좇아야 하는 요소다.

비즈니스용 차림으로는 짙은 녹색 계열의 넥타이가 적합하며, 재질도 반짝이는 것보다는 약간 거친 소재가 좋다.

야수를 미남으로 만드는 넥타이 컬러?

파스텔풍의 분홍색 넥타이를 맨 야성미 넘치고 역동적인 인상의 영업 사원을 보면 어떤 인상이 느껴지는가? 특히 보험 설계사들 가운데 이런 느낌을 풍기는 사람이 많다. 좀 더 구체적으로 말하자면 강한 인상의 남성들은 부드러운 색상의 넥타이를 선호하는 경우가 많다.

영업 사원은 영업을 위해 다양한 교육을 받을 기회가 많다. 그리고 교육을 통해 색이 상대에게 풍기는 인상에 관해서도 자세히 공부한다. 야성미 넘치는 얼굴은 다가가기 어렵게 느껴지는 단점이 될 수도 있으므로, 이것을 극복하기 위해서 부드러운 색상의 넥타이를 했을 것이다. 하지만 과연 그런 방법이 인상 관리에 효과적일까?

'억지'와 '진심'의 차이

한번은 야성미 넘치는 얼굴에 파스텔풍의 분홍색 넥타이를 맨 지인에게 그 넥타이를 선택한 이유가 무엇인지 물었다. 그랬더니 실제로 부드러운 인상을 풍기고 싶기 때문이라는 대답이 돌아왔다. 위압적인 인상을 완화하기 위한 나름의 비책이었다. 물론 주요 고객이 여성이나 아이들이라면 친숙한 이미지는 중요하다. 그 때문에 패션뿐 아니라 끊임없이 미소를 짓기 위해 노력하는 사람들도 많다.

필자가 자주 가는 레스토랑에는 야성미 넘치며 강한 인상을 풍기는 셰프가 있다. 카운터를 사이에 두고 셰프와 즐기는 담소는 크나큰 즐거움이다.

그 레스토랑에 처음 간 날이었다. 무시무시한 얼굴의 셰프는 지나치리만큼 애교 넘치게 말을 걸어왔다. 무척 친절해 보였지만 어딘지 어색함이 느껴졌다. 열심히 웃는 얼굴만 보아도 그가 얼마나 좋은 사람인지는 충분히 알 수가 있었다. 하지만 왠지 보기 괴로운 모습이었다. 세 번째 방문했던 날, 그에게 물었다.

"어째서 그렇게 열심히 웃으세요?"

그는 대답했다.

"사장님께서 하신 조언 때문입니다. '자네는 무서운 인상이니까 카운터에 나왔을 땐 웃어야 해!' 이렇게 말씀하셨죠."

강한 인상의 얼굴은 다가가기 힘든 면이 있다. 하지만 '믿음직스럽다' 혹은 '늠름하다'는 인상을 준다. 처음 만난 사람 앞에서 친절함의 표시로 웃는 얼굴을 보이는 것은 중요하다. 하지만 필요 이상으로 억지로 웃는 모습은

자신의 이미지와 부합하지 않는 연출은 오히려 인상 관리에 좋지 않다.

보기 불편하다. 뿐만 아니라 야성미 넘치는 얼굴과 조화를 이루지 못한다.

무리하게 웃기보다는 정말로 기쁘거나 기분이 좋은 순간 자연스럽게 웃는 모습이 오히려 매력적이다. 예를 들어 손님이 정말로 맛있게 음식을 먹었다며 카운터 건너편에서 칭찬을 했을 때, 혹은 즐겁게 대화를 주고받았을 때 등 진심에서 우러나와 웃는 모습이 보기에도 좋다. 마침 옆에 앉았던 여성 고객도 필자의 이런 조언에 적극 찬성을 해주었다. 그날 밤 셰프는 보기 드물게 정말로 흥이 나 보였다. 노력만으로 타고난 인상을 극복할 수 없는 상황도 있다는 사실을 알아둘 필요가 있다.

색상 선택의 우선순위는 인상과의 조화!

요컨대 무리한 웃음과 부드러운 색상의 넥타이는 야성적이며 우락부락한 인상의 남성에게는 어울리지 않는다. 야성미 넘치는 얼굴이라서 부드러운 인상을 연출하고자 분홍색 넥타이를 매면, 마치 소녀의 빨간 망토를 빼앗아 입은 늑대처럼 보일 수도 있다. 이런 억지스러운 조합에 위화감을 느끼는 것은 비단 처음 만난 사람만은 아니다.

소리에도 불협화음이 있듯이 시각적으로도 조화를 이루지 못하는 디자인이 있다. 우락부락한 얼굴에 분홍색 넥타이는 그야말로 조화를 이루지 못하는 디자인이다.

우락부락할 정도로 강한 인상에 잘 어울리는 색은 '푸른색'이다. 특히 명도가 높은 푸른색은 예리한 인상을 만들어줄 뿐 아니라 얼굴이 밝게 빛나 보이도록 해주는 효과도 있다.

그리고 얼굴을 제외한 신체 부위에 자신의 내면을 표현할 수 있는 소품을 이용하면 효과적이다. 예를 들어 시계나 팔찌 등을 활용하면 좋다. 만일 익살스러운 성품이라면 그것을 표현할 수 있는 디자인을 선택하면 된다.

비즈니스에서 팀을 구성했을 때, 그 조합이나 배치에 따라 각각의 구성원이 발휘할 수 있는 힘이 달라진다. 배치에 따라 구성원 개개인의 힘이 강해질 수도 소멸될 수도 있는 것이다. 색이나 디자인 역시 마찬가지다. 부드러운 색, 그 자체가 단독으로 존재할 때 그것은 상대의 마음을 편안하게 하는 효과가 있을 수도 있다. 하지만 어떤 것과 조합하느냐에 따라 역효과를 낼 수도 있다. 각각의 색이 가진 힘이 진가를 발휘하거나 무용지물이 되는가는 어떻게 배치하느냐에 달려 있다.

자신의 얼굴은 타인에게 어떠한 인상으로 비칠까? 또한 자신의 성격의 특징 및 장점은 무엇일까? 우선은 이러한 사항들을 정확하게 파악하고, 이에 맞춰 색을 활용할 줄 아는 센스가 필요하다.

분홍색

푸른색

자신의 인상이 가진 장점은 살리고 단점은 보완하는 방법이 좋은 색상 연출법이다.

'아저씨'라는 호칭을 유발하는 컬러 코드

일본에서 시작된 쿨비즈 정책이 우리나라에 도입된 지 몇 년이 흘렀다. 익숙해진 슈트를 벗고 캐주얼한 요소를 사무실에 도입한다니 처음에는 모두 어리둥절했다. 대부분의 비즈니스맨들은 집에서 입는 옷을 캐주얼 스타일이라 여겼기 때문에 회사에서는 정장, 집에서는 티셔츠 차림으로 철저히 구분하며 입어왔다. 그런데 갑자기 쿨비즈며 스마트캐주얼이라는 말이 나오자 당연히 당혹스러웠을 것이다.

하물며 슈트에 관한 매너에 대해 제대로 교육을 받은 적조차 없는 상황에서 사무실에서도 입을 수 있는 단정한 캐주얼 스타일을 상상도 할 수 없었다.

쿨비즈가 당연시되는 요즘, 딱딱한 스타일이 아닌 재킷과 바지를 입고 긴장을 풀고 일하는 풍경이 새로운 아이디어 창출로 이어질 수 있다. 이번 장에서는 센스 있고 유능해 보이는 캐주얼한 비즈니스 복장에 대해 배워보자.

스마트 비즈니스 스타일의 정석, 네이비 재킷과 그레이 팬츠.

스마트 비즈니스 스타일의 정석, 네이비와 그레이

네이비 색상 재킷과 그레이 색상 팬츠는 대표적인 캐주얼한 비즈니스 복장이다. 결혼식이나 식전(式典)과 같이 격식을 차려야 하는 장소가 아니라면 어디에서 입어도 손색이 없고, 클래식한 옷매무새를 기본으로 한 세련된 스타일이다.

대부분의 비즈니스맨들이 짙은 네이비 색상 재킷과 그레이 색상 바지는 교복 혹은 호텔 유니폼 같다며 멀리하는 경향이 있다.

필자는 쿨비즈 정책이 시작된 이래 현재에 이르기까지 수많은 비즈니스맨들에게 스마트 비즈니스 스타일에 관한 조언과 교육을 해왔다. 그리고 누구에게나 추천하는 첫 번째 조합이 바로 네이비 색상 재킷과 그레이 색상 팬츠다.

회색 재킷과 블랙 팬츠.

네이비 색상 재킷과 그레이 색상 팬츠를 멋지게 소화해내고 싶다면 자신의 몸에 딱 맞추어 입는 것이 포인트다. 이 포인트를 충족시킨 뒤 체형이나 얼굴 등에 맞추어 셔츠와 넥타이의 디자인을 택하고, 계절에 맞는 옷감과 색감을 선택하면 된다.

네이비 색상 재킷을 중심으로 처음에는 그레이 색상 바지와 함께 입기 시작해서 베이지색 면바지, 하얀색 바

베이지 재킷과 화이트 팬츠.

지, 나아가 청바지와 같은 순서로 바지를 바꾸다 보면 캐주얼한 비즈니스 복장을 완성해갈 수 있다. 네이비 색상 재킷이 전체적으로 차분한 인상을 만들어주기 때문에 어떠한 색상의 바지를 입어도 비즈니스 복장에서 크게 벗어나지 않는다.

스마트 비즈니스 스타일의 마침표, 구두

바지에 맞추어 구두도 좀 더 캐주얼하게 바꿀 수 있다. 베이지색 면바지에는 스웨이드 모카신을, 하얀 바지에는 가죽 소재의 데크 슈즈, 청바지에는 하프 부츠 등을 함께 신어보자.

정장 느낌을 더하고 싶다면 검은색 구두가 좋다. 캐주얼한 느낌을 표현하고 싶다면 다크 브라운도 괜찮다. 반면 카멜이나 레드 브라운은 피해야 한다. 애써 갖춘 품격 있는 차림새가 순식간에 촌스러운 인상으로 바뀔 수도 있다.

25

내 구두와 찰떡궁합인 양말 색은?

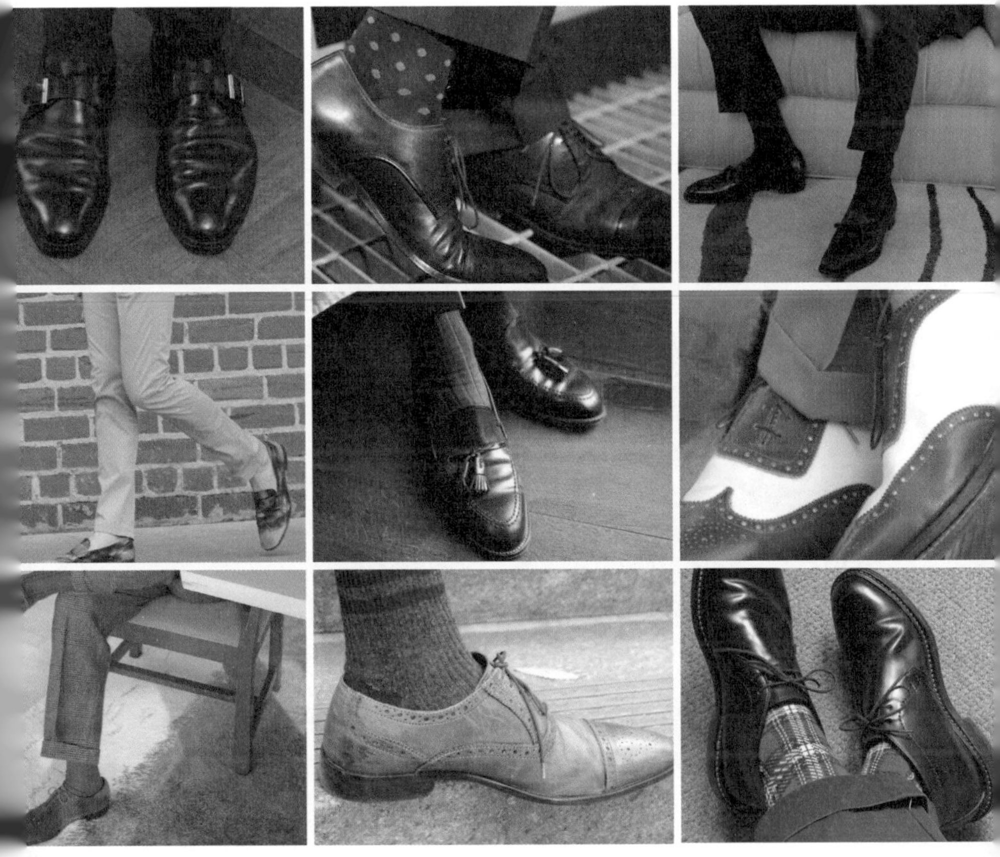

평일의 KTX만큼 다양한 모습의 비즈니스맨들을 관찰할 수 있는 공간도 없다. 열차 안에서 비즈니스맨들은 제각각 분주한 모습으로 시간을 보낸다. 한편에서는 피로로 인해 느슨해진 모습들도 볼 수 있다. 그중에서 매번 필자의 신경을 자극하는 모습이 있다. 바로 비즈니스 슈트 차림에 하얀 면양말을 신은 남성들이다. 필자는 비즈니스맨들을 살펴보기 위해 언제나 열차 뒤쪽에 앉는다. 뒤쪽에 앉아 통로로 삐져나온 남성들의 발을 관찰하다 보면 하얀 면양말을 신은 비즈니스맨들이 한눈에 들어온다. 차량 한 칸에 반드시 최소 한 명은 있다.

양말은 V존만큼이나 남성의 패션 센스를 확연하게 엿볼 수 있는 공간이다. 요컨대 아무리 옷차림이 훌륭하더라도 양말 하나로 인상을 망칠 수도 있다는 뜻이다.

슈트에 하얀 면양말 차림은 샌들에 하얀 양말을 신은 것만큼이나 최악이다.

양말에도 규칙과 매너가 존재한다

모 건설 회사에서 관리직들을 대상으로 외모에 관한 연수를 실시할 때, 60세 정도 되는 남성에게 다음과 같은 질문을 받은 적이 있다.

"어째서 슈트 차림에 하얀 양말을 신으면 안 되는 건가요?"

필자는 이렇게 답했다.

"그것은 어째서 한복에 구두를 신으면 안 되느냐고 묻는 것과 같은 질문입니다!"

슈트에 하얀 양말을 신는 습관은 슈트가 격식을 차린 복장이 아니라 단순히 제복화 되어버린 전후부터 생겨난 스타일인 듯하다. 요컨대 슈트가 교복의 연장선상에 있다는 착각에서 아무 색 양말이나 신어도 된다고 생각한 것이다. 슈트에 하얀 양말을 신으면 다른 사람 눈에는 양말만 둥둥 떠 있는 듯해 어색하게 보인다.

그렇다면 양말의 색깔은 바지와 구두 중 어느 쪽에 맞추어야 할까? 짙은 회색 슈트에 짙은 갈색 구두를 신었다면 바지와 같은 색 양말을 신어야 다리가 길어 보이는 효과를 얻을 수 있다. 옅은 회색 바지에 짙은 갈색 구두를

비즈니스용 양말은 면보다 울 소재를 신는 것이 바람직하다.

신었다면 차콜 그레이 양말을 신어서 바지와 신발이 자연스럽게 연결되어 보이도록 도울 수 있다. 슈트 색상과 맞는 양말이 없을 경우에는 차선책으로 신발과 양말 색을 맞춘다. 이때 양말은 신발보다 어두운 색이 좋다.

양말의 원단 선택도 중요하다. 비즈니스용 슈트 차림에 입는 바지나 스마트 캐주얼 바지는 대부분 울 소재다. 이러한 경우 양말 역시 울 소재를 선택하는 것이 기본이다. 면양말은 캐주얼용이다. 이것을 비즈니스용 슈트와 조합한 모습은 바람직하지 못하다.

이제는 남성도 다리털을 신경 써야 하는 시대!

텔레비전 버라이어티 프로그램에 출연한 한 출연진이 짙은 색 슈트에 검은 구두, 옅은 회색 양말을 신은 모습을 보고 아연실색한 적이 있다. 게다가 자세히 보니 양말이 아래로 흘러내려 맨다리마저 보였다. 혹시 잘못 봤나 싶어서 화면이 줌 업 된 순간 텔레비전으로 가까이 다가가 보았더니 심지어 다리털까지 덥수룩했다. 다행인지 불행인지 이러한 사람들 때문에 필자의 일거리가 줄어들지 않는다.

양말이 흘러내리면 세련된 남성으로 보이기 어렵다. 이럴 때는 남성용 니 삭스 또는 정장용 양말이 매우 유용하다. 다리를 꽉 잡아주는 효과가 뛰어나 거의 흘러내리지도 않고, 발목부터 종아리에 걸친 라인을 아름답게 연출해준다.

사실 양말이 흘러내려서 다리털이 보이는 비즈니스맨들은 어디에서나 볼 수 있다. 지하철에서 옆에 앉은 비즈니스맨이 신발을 벗고 한쪽 발을 반대쪽 허벅지 위에 올려놓는 순간 다리털이 그대로 드러나는 경우도 흔하다. 남성들은 그다지 신경 쓰지 않을 수도 있는 문제지만, 덥수룩한 다리털은 여성이 보기에 결코 기분 좋은 대상이 아니다.

이에 대한 대책은 그다지 어렵지 않다. 양말 선택에 주의를 기울이면 된다. 아예 니 삭스를 신는 습관만 들여도 문제는 쉽게 해결된다. 여자도 아니고, 남자에게 니 삭스를 신으라고 하면 농담처럼 생각될 수도 있다. 하지만 이탈리아 신사들은 비즈니스용 슈트에 무릎 아래까지 올라오는 니 삭스를 신는다. 비즈니스 현장에서 여성들에게 다리털을 보이지 않도록 훨씬 세심하게 주의를 기울이기 때문이다.

26

색(色)을 아는 남자가 성공한다

훌륭한 인사 담당자는 통찰력과 분석력 그리고 업무 장악력(掌握力)이 뛰어나다. 다시 말해 개개인의 개성을 파악하고, 어떤 인재를 어디에 배치해야 하며, 누구와 누구를 한 팀으로 구성해야 최고의 성과를 기대할 수 있는지를 판단할 줄 아는 능력이 있다.

이러한 판단을 내릴 때는 과거의 경험이나 이론적 바탕이 결정의 근거가 된다. 이것은 비단 일뿐만이 아니라 패션에도 적용할 수 있는 지론이다. 어떤 색상의 옷을 입었을 때 주변의 반응이 좋았는지, 또 어떤 옷이 나에게 잘 어울리는지 등은 경험을 해보지 않고서는 체득하기 어렵다.

색채 감각은 타고나는 것이다?

뛰어난 음감을 지닌 음악가는 누가 가르쳐주지 않아도 음의 조화와 부조화를 자연스럽게 감지한다. 음감을 타고난 모차르트와 같은 천재 음악가들에게 이런 능력이 있다.

그렇다면 색채 감각은 어떨까? 태어나면서부터 색채 감각을 겸비한 사람이라면 장래에 디자이너나 예술가가 되기도 한다. 천재라고도 일컬어지는 베르메르(네덜란드 화가로 대표작으로는 〈진주 귀걸이를 한 소녀〉가 있다)나 고흐도 유년 시절부터 색채 감각에 두각을 나타냈다.

색은 빛의 파장으로 인해 사람의 눈에 제각각 다른 색상으로 보인다. 인간은 빛의 파장이 시야에 들어오면 그것을 감지하고 파장에 따라 색을 구분하게 된다. 이것은 음파도 마찬가지다.

빨간색과 녹색, 보라색과 노란색 같은 보색들은 파장이 다르기 때문에 동시에 나란히 늘어놓으면 제각각의 파장이 서로 싸우게 된다. 말하자면, 음과 음처럼 색과 색 역시 부조화가 존재한다. 이러한 부조화를 캐치해 내고 조화로운 색끼리 조합해서 옷차림에 활용하는 것을 색채 감각이라고 한다.

그렇다면 색채 감각을 타고나지 못한 사람은 어떻게 하면 좋을까? 한 가지 예를 생각해보자. 인사 담당자는 처음부터 인재 배치 능력이나 장악력, 분석력 등을 타고났을까? 절대 그렇지 않다. 그러한 능력은 사회에 진출한 뒤 다양한 경험을 바탕으로 습득하게 된다. 많은 사람들과 만나면서, 때로는 잘못된 판단으로 인해 괴로웠던 과정 등을 겪으며 타인을 판단하는 능력을 축적하게 되는 것이다.

음감이나 색에 대한 감각도 마찬가지다. 학창 시절 음악 성적이 나빴더라도 가수가 되는 사람이 있다. 사실 필자도 신입 사원이었던 때는 노래방에 갈 때마다 괴로웠다. 접대 차 노래방에 갈 때마다 샹송을 불러서 항상 상사로부터 놀림을 받았다. 그러던 중 강연을 위해 보이스 트레이닝을 받다보니, 음정이 안정되어서 어느새 중간 이상의 노래 실력을 갖추게 되었다.

당신이 만약 20대라면 자신 원하는 일이 무엇이든 일단 도전해보자. 실패도 크나큰 수확이다! 젊은 혈기로는 무엇이든 할 수가 있다. 설령 실패를 경험하게 되더라도 그것은 또 다른 재능을 발견하는 계기가 될 것이다.

이미지 컨설팅을 받는 고객들은 대부분 실패가 허용되지 않는 연령에 접어든 사람이다. 그렇기 때문에 봄여름, 그리고 가을겨울 이렇게 두 차례 패

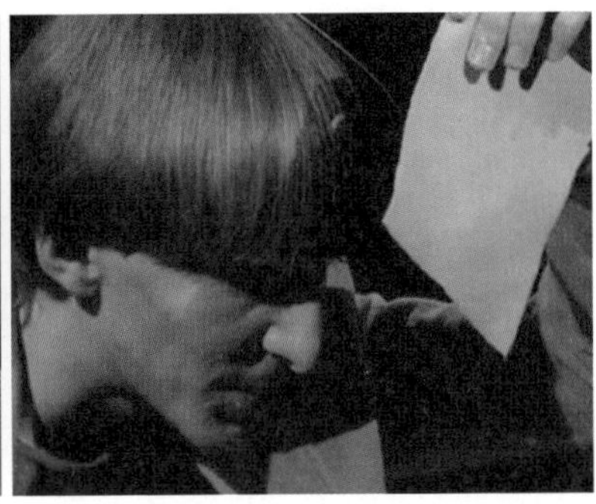

인간의 감각은 훈련을 통해 얼마든지 갈고닦을 수 있다. 사진 속 인물인 네일 하비슨은 선천적 색맹이다. 태어나서 단 한 번도 색깔을 본 적도 없는 그는 스스로 발명한 특수 장치를 통해 색깔의 주파수를 감지하는 훈련을 거듭했다. 그 결과 그는 주파수만으로 색깔을 구분할 수 있게 됐고, 이 '전자 눈'을 통해 조화롭게 옷을 맞춰 입는다고 한다.

션스타일링을 받는다. 그 결과 패션 센스가 없어서 혼자서는 절대로 쇼핑을 하지 않는다던 10년 된 필자의 고객도 어느덧 색과 색을 조합해서 활용할 줄 아는 감각을 익히게 되었다.

색채 감각은 혼자서도 훈련이 가능하다

전문가의 조언을 들을 기회가 없다고 해도 문제 될 것 없다. 지금은 미디어 시대다. 인터넷에서 '패션 컨설팅'이라는 단어를 검색해보면 의상 코디 사례들을 컬러 사진으로 손쉽게 볼 수 있다.

뿐만 아니라 백화점에 가면 윈도쇼핑도 충분히 무료로 즐길 수가 있다. 이때 마네킹이 착용한 복장을 보기만 해서는 현실적인 경험을 했다고 보기는 어렵다. 가끔은 자신에게 어울릴 것 같은 브랜드 매장에 방문해서 센스 있는 점원에게 코디를 맡겨보자. 본인이 직접 착용해보았을 때 가장 현실적인 체험 효과를 얻을 수 있기 때문이다. 이러한 경험이 색채 감각을 익힐 수 있는 지름길이다.

또한 궁극적으로는 '내가 좋아하는 색'보다는 '내게 어울리는 색'을 찾아야 한다. 색과 색의 조합이 아무리 훌륭하다고 해도 입은 사람에게 어울리지 않으면 무용지물이 되고 만다.

거장의 명화를 통해 배우는 색의 조화

인간이 명화를 보고 감동을 느끼는 이유에는 여러 가지가 있겠지만, 그중에서도 색채가 주는 자극이 단연 으뜸일 것이다. 거장들이 남긴 그림을 꾸준히 감상하면 예술적 안목을 기를 수 있을 뿐 아니라 색채 감각을 키울 수 있다.

'색채의 마술사'라고 불릴 정도로 색 조합 능력이 뛰어났던 오스트리아의 화가이자 건축가, 훈데르트바서는 일반적이고 전통적인 색 조합의 틀에서 벗어나 자신만의 자유롭고 대담한 색을 사용했다. 보색을 조합한 색채를 표현하는 것을 좋아했던 그의 그림을 살펴보면 강렬하면서도 조화로운 색감을 느낄 수 있다.

피카소가 현대 미술가 중에서 유일하게 인정했던 화가, 앙리 마티스는 강렬한 색상인 원색을 작품 속에 부드럽고 편안하게 그려내서 보는 사람들의 마음을 안정시켜준다.

다섯 명의 사람이 춤을 추고 있는 모습을 그린 앙리 마티스의 〈춤〉. 이 작품은 세 가지의 원색(초록색, 파란색, 붉은색)만을 사용하여 그려졌다. 강한 원색 표현을 통해 원근법이나 명암 등의 기법이 없음에도 인물들의 리듬감이 느껴지는 작품이다.

피부톤별 어울리는 색상

봄 타입

피부색이 밝고 노란기가 강한 타입이다. 따뜻한 계열의 노란색을 베이스로 한 밝은 톤이 어울린다.

옐로 카멜 코랄 핑크 오렌지 레드

애플 그린 브라이트 아쿠아 웜 그레이 브라이트 네이비

여름 타입

피부색이 밝고 파란빛을 띠며 하얀 인상으로 피부결이 매끈하다. 파란색을 베이스로 한 파스텔 색상 계열의 부드러운 톤이 어울리는 타입이다.

화이트 핑크 로즈 레드 로즈 브라운

파스텔 그린 퍼플 그레이 이스트 블루 브라이트 네이비

가을 타입

피부색은 보통이거나 약간 어둡다. 뺨은 오렌지 계열의 분홍빛이고 피부가 쉽게 탄다. 노란색을 베이스로 한 깊고 수수한 컬러가 어울린다.

모스 베이지 새먼 시나몬 레드 브라운

모스 그린 올리브 그린 다크 브라운 딥 딜

겨울 타입

피부색은 보통이거나 약간 어둡다. 파란색을 베이스로 한 무채색이 주로 어울린다.

스노우 화이트 아이스 블루 에시 로즈 와인 레드

차콜 그레이 파인 그린 로열 블루 블랙

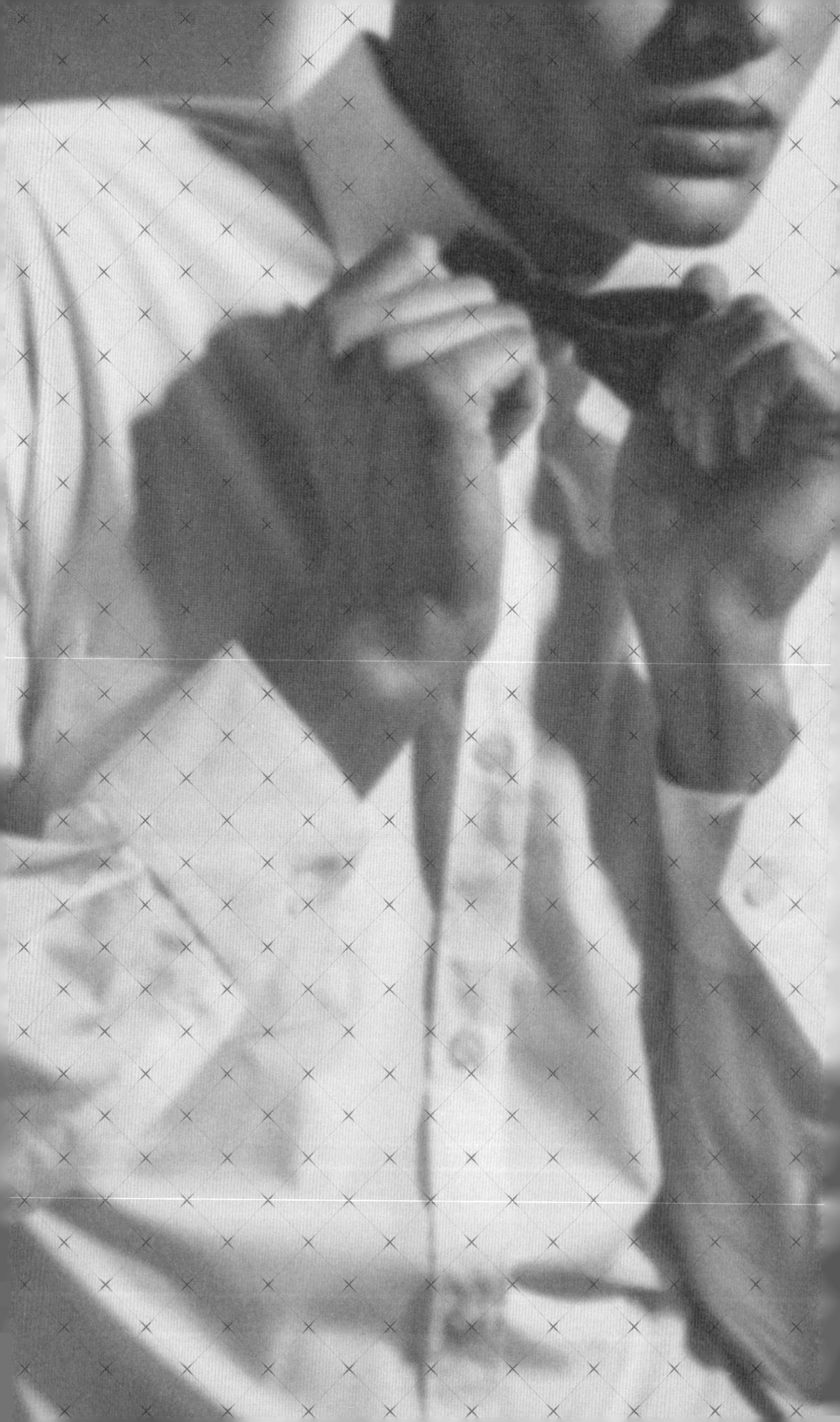

Part 3. **Get It Clean**

잘 관리된 얼굴은 품질 보증서나 다름없다 • 어디서나 스포트라이트를 받는 스타일링의 비결 • 인상을 말끔하게 정리해주는 이미지 컨설팅의 힘 • 안면 윤곽 수술만큼 효과 있는 헤어스타일링 • 대머리를 최악으로 만드는 스타일링 • 때로는 새치도 무기가 될 수 있다 • 남자가 가진 본연의 액세서리, 수염 • 운이 세는 눈썹, 성공을 부르는 눈썹 • 피부가 퇴근 후 당신의 생활 습관을 말한다 • 깔끔한 손톱 관리로 호감도 지수 UP! • 향수에도 티피오(T.P.O)가 존재한다

27

잘 관리된 얼굴은
품질 보증서나 다름없다

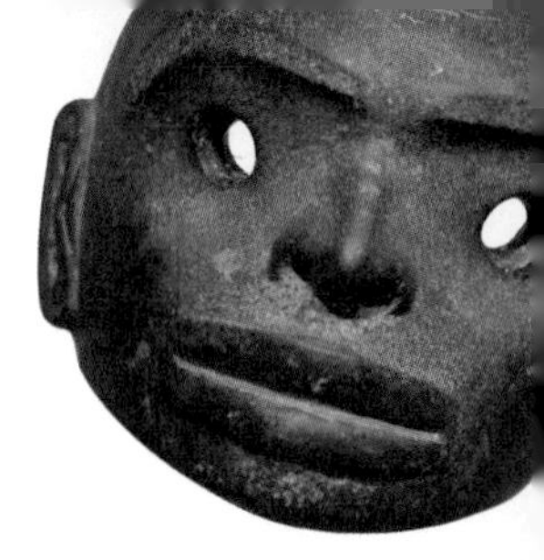

사람은 본능적으로 처음 만나는 사람과 인사할 때 가장 먼저 얼굴을 보게 된다. 이 사람은 성격이 어떨까? 어떤 방식으로 접근해야 커뮤니케이션이 원만하게 진행될까? 상대를 가늠할 때 필요한 이러한 정보들은 대부분 얼굴에 집약되어 있기 때문이다.

다윈의 진화론에 따르면 인간은 원숭이로부터 진화해왔다. 원숭이는 울음소리나 냄새를 통해 상대가 아군인지 적군인지를 판단한다. 진화의 과정에서 울음소리는 언어로 바뀌고 의복을 입는 습관으로 인해 냄새 정보도 퇴화하게 되었다. 그 결과 희미해진 청각이나 후각 정보 대신 시각 정보인 얼굴이 상대를 판단하는 지표로 진화한 것이다.

손해 보는 인상과 득을 보는 인상은 따로 있다?

얼굴에 관한 정보 가운데 가장 원초적인 기준은 무엇일까? 상대가 어른인지 아이인지를 판단하는 것이다. 아이들의 얼굴은 코가 짧고 눈매가 깊기 때문에 귀여운 인상이다. 그 때문에 상대의 보호본능을 일으킨다. 이는 주위의 보호를 받지 않으면 살 수 없는 아이들로서는 상대에게 반드시 제공할 필요가 있는 정보다. 반면 어른들의 얼굴은 코가 길고 아이들에 비해 또렷한 인상이다. 주변 사람들에게 '나는 어른이다!'라는 정보를 얼굴을 통해 발산하는 것도 인간 사회에서는 필요한 일이다.

이러한 까닭에 얼굴이 어려 보여서 고민하는 사람들도 있다. 특히 임원 자리에 앉은 남성은 얼굴이 동안이면 상당히 신경을 쓴다. 또한 반대로 강해 보이는 인상 때문에 고민하는 경우도 있다. 처음 만나는 사람들에게 친밀감을 주지 못하기 때문이라고 한다. 그런가 하면 너무 밋밋해 보이는 얼굴 탓에 남들이 자신을 쉽게 기억하지 못한다며 걱정하는 사람도 있다.

인상의 차이는 코의 길이나 눈매의 깊이, 얼굴형 등의 차이로 발생한다. 예를 들어 턱에 각이 졌으면 의지가 강한 인상, 얼굴이 둥글고 눈과 눈 사이가 떨어져 있으면 귀여운 인상, 입술이 얇으면 자기제어를 잘하고 냉철해 보이는 인상이 된다.

당신의 인상은 음료수병의 라벨과 같다

인간은 타인의 인상을 판단 기준으로 삼아 상대의 내면, 즉 성격을 추측하며 관계 맺기를 시도한다. 물론 인상과 성격이 반드시 일치하지는 않는다. 실제로 이야기를 해보면 인상과 성격이 들어맞을 때도 있고 그렇지 않을 때도 있다.

귀엽고 순진한 사람일 거라고 생각했는데 의외로 자기주장이 강하고 완고한 사람이다! 듬직한 인상이었지만 의외로 소심한 사람이다! 이런 식으로

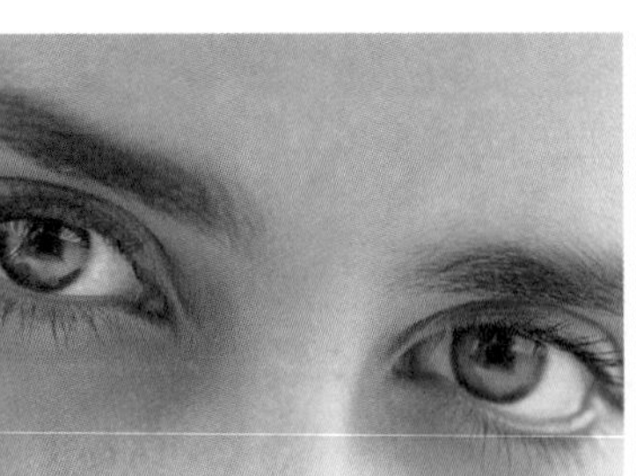

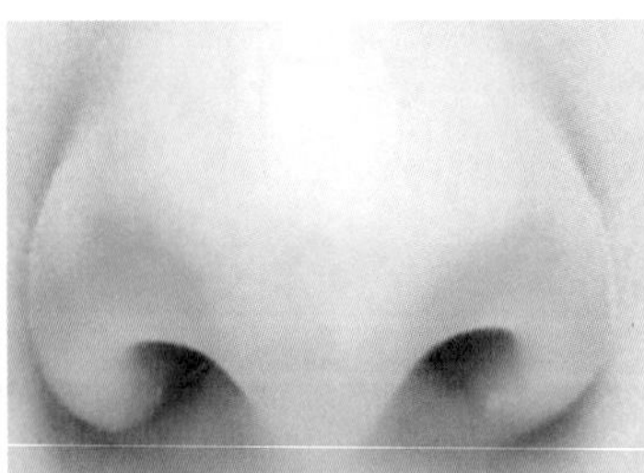

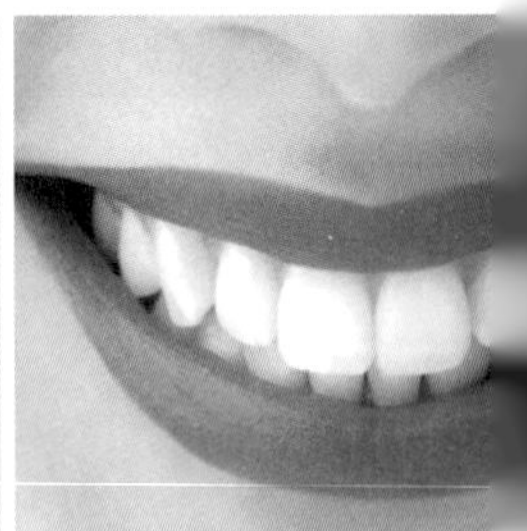

첫인상과 다른 성격일 수도 있다. 이러한 경우에는 커뮤니케이션에도 영향을 미친다.

무더운 여름, 시원한 음료수가 간절하게 생각나서 편의점으로 뛰어 들어갔다고 가정해보자. 그리고 이제껏 한 번도 마셔본 적 없는 음료수를 선택했다. 그것은 냉장고에 진열된 음료수 중 가장 시원하게 보이는 제품이었다. 돈을 지불하고 마신 순간 예상처럼 상쾌한 맛이라면 매우 만족스러운 기분이 든다. 하지만 기대와 달리 미지근하고 산뜻한 맛이 떨어진다면, 실망하고 두 번 다시 그 음료수를 사지 않게 된다.

사람도 마찬가지다. 기대와 결과 사이에 발생하는 차이는 상대의 마음에 부정적인 영향을 미친다. 인간은 자신의 과거 경험을 바탕으로 상대의 얼굴을 보고 그 사람의 내면을 추측한다. 그 추측은 기대가 되고, 그것이 충족되지 못한다면 실망하게 된다. 그리고 그것은 그 사람에 대한 평가로 이어진다.

마셔보지 않은 음료수를 고를 때 우리는 음료수병 겉에 쓰여 있는 정보에 의지할 수밖에 없다. 당신의 인상은 음료수병의 라벨과 같다. 당신이 어떤 사람인지 인상을 통해 뚜렷하게 드러내면 보다 원활할 커뮤니케이션을 이끌어낼 수 있다. 이것이 바로 인상 관리의 힘이다.

경계심의 빗장을 열고 싶다면 나를 최대한 노출하라!

자신의 얼굴이 타인에게 어떻게 비치는지 알면, 남들이 나에게 무엇을 기대하는지 예측할 수가 있다. 그리고 스스로가 그것을 충족시킬 만한 내면을 갖추고 있는지 어떤지를 분석해볼 수도 있다.

타인의 기대와 자신의 내면이 일치한다면 큰 문제는 없다. 하지만 그렇지 않다면 남들이 파악하기 어려운 자기 내면의 포인트를 주변에 알리려는 노력이 필요하다. 헤어스타일, 복장 등이 바로 그것을 위한 수단이다.

인상 관리의 최대 목표가 바로 이것이다. 사람은 누구에게나 방어적인 심리가 있어서 상대가 어떤 사람인지 파악되지 않으면 경계심을 갖게 된다. 타인과의 커뮤니케이션을 원활하게 하기 위해서는 내가 어떤 사람인지에 대한 정보를 노출할 필요가 있다. 외모만으로 표현하기 어렵다면 헤어스타일이나 복장으로 '나는 이런 사람입니다'라는 인상을 주자.

28

어디서나 스포트라이트를 받는 스타일링 비결

어느 유명한 상품 패키지 디자이너를 집중 조명한 방송을 본 적이 있다. 방송 프로그램에서 그는 다음과 같은 말을 했다.

"좋은 디자인이란 주인공인 상품 그 자체를 돋보이게 하는 조역이어야만 합니다."

디자이너라면 개성이 있어야 한다는 인식이 강하다. 하지만 오히려 그는 '자신'을 감추어야 한다고 주장했다. 그것은 흡사 필자가 제공하는 퍼스널 디자인과 유사한 지론이었기에 매우 공감되었다.

그의 디자인 철학처럼 스타일링에서도 주역은 어디까지나 그 사람 자체다. 헤어스타일이나 복장 등은 조역에 지나지 않는다. 영화나 드라마에서 조역은 주역을 부각시키는 역할을 한다. 그리고 주역보다 눈에 띄어서는 안 된다. 이 점이 중요 포인트다.

연극 연출자가 되어 자신을 연출하라

필자의 고객들을 살펴보면 크게 두 부류로 나뉜다. 패션에 전혀 관심이 없고 외모를 디자인하는 일은 생각조차 해본 적 없는 사람과, 그 반대로 외모에 상당히 신경을 쓰는 사람이다.

전자에게 주역은 오직 자신의 내면뿐이다. 말하자면 내면만 가꾸면 외모는 아무래도 상관없고 자신의 가치를 알아주는 사람들만 그것을 인정하면

자신을 스타일링하는 것은 연극무대를 연출하는 과정과도 같다.

된다는 식이다. 후자에게 주역은 당연히 자기 자신이다. 하지만 결과적으로는 헤어스타일이나 복장에만 신경을 쓰는 나머지 본말이 전도된 사람들도 많다. 두 타입 모두 스타일링을 제대로 이해하지 못한 결과다.

흔히 자신의 아이덴티티identity를 찾으라는 말을 한다. 아이덴티티란 한 사람이 성장해가는 과정에서 획득한 자기 자신만의 개성이다. 즉 타인과 구별될 수 있는 고유한 특성이라고 할 수 있다. 제대로 된 스타일링은 스스로에 대한 이해가 밑받침되었을 때 가능하다.

연극무대를 예로 들어보자. 무대를 꾸미기 위해서는 작품의 성격과 스타일을 이해하는 것이 선결 과제가 된다. 현대가 배경인데 사극풍의 소품을 쓴다거나, 주인공이 활발한 성격인데 옷차림은 너무 얌전하다거나 하면 아무리 연기와 대본이 좋아도 무대 연출은 실패로 돌아가고 만다.

이것을 '정합성'(整合性, 무모순성)이라고 한다. 앞서 제대로 된 스타일링은 스스로에 대한 이해가 밑받침되어야 한다고 말했다. 요컨대 스타일링을 할 때도 자신의 아이덴티티와 정합성을 추구해야 한다. 본인의 아이덴티티를 무시하는 스타일링을 하다 보면 내면과 외면이 따로 노는 어정쩡한 인상의 사람이 되고 만다.

스타일링은 덜어내는 과정의 연속이다

이미지 컨설팅이란 자신을 꾸미는 방법을 알려주는 일이라고 생각하기 쉽다. 이 생각은 반은 맞고 반은 틀렸다. 필자가 하는 일은 의뢰한 고객의 이미지를 기업의 브랜드 콘셉트에 맞게 컨설팅해주는 일이다. 요컨대 개인의 퍼스널 이미지와 회사의 브랜드 이미지에서 공통분모를 끄집어내고 그것을 전면에 내세우는 작업이다. 이것은 한 회사의 경영자에게만 국한되지 않고 비즈니스맨 누구에게나 적용할 수 있는 사항이다. 회사와 개인의 아이덴티티가 교차하는 부분을 어떻게 디자인하느냐는 매우 중요하다.

여기에서 디자인이란 헤어스타일이나 복장에 무엇인가를 추가하는 작업이 아니다. 오히려 깎아내는 과정이다. 불필요한 부분을 제거했을 때 개인의 개성이 한층 더 살아나기 때문이다. 이것이 바로 모든 사람에게 적용할 수 있는 효과적인 디자인 방법이다.

방법은 그리 거창하지 않다. 지나치게 긴 머리카락을 깔끔하게 잘라내면 얼굴의 개성이 눈에 띈다. 슈트는 강렬한 줄무늬를 단색으로 바꾸고, 헐렁헐렁한 부분을 줄여 체형에 딱 맞도록 하면 충분하다. 넥타이는 줄무늬나

무늬 없는 제품, 혹은 지극히 깔끔하고 세련된 스타일을 선택한다. 구두는 황토색처럼 눈에 띄는 색보다는 끈이 달린 검은색이나 다크 그레이로 한다. 셔츠는 깔끔한 하얀색 원단으로 하며, 단추도 하얀색을 선택한다. 안경은 눈가의 개성을 살리는 데 방해가 되지 않는 단순한 프레임이 가장 좋다. 이 얼마나 단순한 차림인가? 너무 간단해서 재미가 없다는 사람이 있을 수도 있다. 하지만 진정한 멋의 달인들은 이처럼 단순한 차림새만으로도 충분히 멋스럽게 보일 수 있다. 나아가 그 단순한 차림에 본인의 개성을 조금씩 더하다 보면 멋이 점점 진화할 수도 있다.

자신의 개성을 드러내기 위해서는 불필요한 부분은 덜어내는 과정이 필요하다.

어쨌든 핵심은 자기 자신이 주역이라는 점이다. 스스로를 멋지게 보이도록 연출하는 방법은 사실 그다지 어렵지 않다는 점을 잊지 말자.

29

인상을 말끔하게 정리해주는 이미지 컨설팅의 힘

인상 관리에 흥미가 있는 한 50대 경영자가 지인의 소개로 필자의 사무실에 방문했다. 필자는 평소처럼 여러 가지 이미지 컨설팅 실례가 담긴 사진들을 방문객에게 보여주었다. 그랬더니 검토해보겠다며 돌아갔다. 그러던 어느 날 거리에서 그 50대 남성을 소개해주었던 지인과 마주쳤다. 지인의 말에 따르면 필자의 스튜디오에 방문했던 50대 경영자의 헤어스타일이 엉망이 되었다고 한다.

자세히 사정을 물어봤더니, 필자의 조언대로 한 결과라며 불평을 늘어놓았다고 한다. 잠시 방문만 했을 뿐 실제로 서비스를 받지도 않았던 그가 그런 말을 했다니 몹시 당황스러웠다.

시행착오를 줄여주는 전문가의 힘

필자는 헤어스타일이나 패션, 안경 등에 관해 조언을 들으러 온 고객들에게 제일 먼저 퍼스널 디자인 실례 사진들을 보여준다. 하지만 그것은 하나의 예일 뿐 각각의 개성에 따라 그것을 적용하는 방법은 달라진다.

그렇기 때문에 필자의 스튜디오에서는 직접 헤어커트를 해주고, 안경이나 옷 등을 사러 갈 때는 동행을 하는 식으로 개별 컨설팅을 실시한다. 인상 분석 서비스만을 의뢰한 고객들에게는 그 사람의 개성에 맞추어 잡지에서 사진을 선택해서 시각적으로 알아보기 쉽도록 작성한 리뷰를 제공한다.

각 분야의 전문가들은 당신이 놓치고 지나갈 수 있는 부분을 섬세하게 코치해주는 역할을 한다.

하지만 헤어스타일이나 패션을 실제로 적용해보지 않고, 사진만 보아서는 그 느낌이 100퍼센트 전달되기 어렵다. 또한 대부분의 평범한 비즈니스맨들이 혼자 힘으로 단번에 이미지 변신에 성공하기 쉽지 않다.

가령 집의 인테리어를 바꾸고 싶다면 당신은 어떻게 하겠는가? 물론 손재주나 센스가 좋은 사람이라면 직접 인테리어를 시도할 수도 있다. 그러나 대부분의 사람들은 인테리어 전문가를 찾아간다. 프로에게 맡기는 이유는 여러 가지가 있겠지만 시행착오를 줄이기 위해서가 제일 큰 비중을 차지할 것이다. 또한 전문가는 경험을 통해 쌓은 전문성이 풍부하기 때문에 우리가 알아채지 못하는 디테일한 부분까지 세심하게 코치해준다.

다른 분야의 사람에게 귀를 기울일 줄 아는 유연함

동양권에서는 실적과 관계없는 분야에 대한 가치 평가나 투자가 저조한 경향이 있다. 회사의 경영자들도 변호사나 회계사, 세무사, 변리사 등 업무 실적과 관계가 있는 분야에는 상당히 비용을 투자한다. 하지만 실적처럼 가시적인 성과 밖의 영역을 컨설팅하는 데는 비용을 지불하기를 주저한다.

몇몇 외국계 대기업에서는 경영, IT, 인사, 교육, 인테리어 등 전문 지식이 필요한 분야에 전문가를 배치하는 사례도 늘고 있다. 특히 외국계 기업을 중심으로 기자회견 등과 같은 홍보를 위해 인상 관리 전문가를 두는 회사들도 늘어났다.

실제로 컨설팅을 받은 회사에서는 결과의 차이를 시각적으로 확실히 실감한다. 게다가 시청자의 선호도 조사, 사내 평가 등에서는 기업 최고 경영자의 인상이 브랜드 이미지를 좌우하기도 한다. 해외에서는 외적인 인상의 중요성을 이미 당연하게 받아들이고 있다.

최근에는 SNSSocial Network Service 활동을 통해 고객과 지속적으로 소통하며 친근한 브랜드 이미지를 만들고자 노력하는 CEO들도 있다. 일례로 썬 마이크로시스템즈의 CEO였던 조나단 슈워츠는 개인 블로그에 자신의 일상을 공개하며 대중들과 소통하였다.

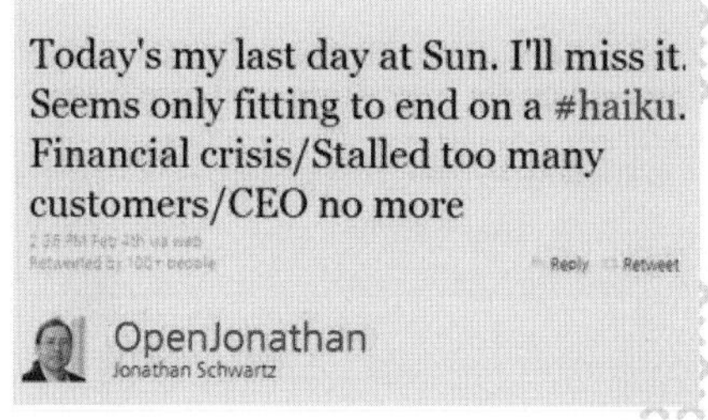

퇴임사를 트위터에 게재해서 화제를 낳았던 조나단 슈워츠.

30

안면 윤곽 수술만큼 효과 있는 헤어스타일링

"헤어스타일은 섬세한 패션이다!"

이것은 미용 업계에서 흔히 하는 말이다. 수많은 비즈니스맨들에게 13년 동안 헤어스타일에 관한 조언을 해온 나도 여기에 동감한다. 자신의 본질, 즉 정신을 본질적인 자아라고 한다면, 헤어스타일은 남성에게 작은 자아와도 같다.

일반적으로 '머리카락은 여성의 생명'이라고 한다. 그러나 사실 남성 쪽이 훨씬 더 헤어스타일에 섬세한 영향을 받는다고 해도 과언이 아니다.

미용실을 자주 찾는 남성이 돼라

여성들은 환경이 변할 때마다 헤어스타일을 바꾼다. 연애를 시작했거나 맞선을 보러 나갈 때, 실연당했을 때 등등. 단순히 기분을 바꾸고 싶거나 여러 가지 계기가 있을 때마다 대담하게 헤어스타일을 바꾼다.

한편 남성들은 어떠한가? 헤어스타일을 좀처럼 바꾸지 않고 평생 같은 스타일을 유지하는 경우가 많다. 비틀즈 세대라고도 하는 베이비붐 시대 남성들은 긴 머리카락을 동경했다. 그 영향으로 지금도 짧은 헤어스타일을 싫어하는 사람이 많다. 정수리가 훤해질 정도로 머리숱이 적어져도 긴 머리에 집착할 정도다. 다른 사람이 위에서 내려다보면 머리숱이 휑해서 깜짝 놀랄 정도임에도 불구하고 정면에서 보이는 자신의 모습만 예전과 같은 상태로 지키고 싶어 하는 것이다.

시대가 바뀌면 헤어스타일도 그에 걸맞게 바꾸어 가는 것이 당연한 일이다. 이미지 컨설팅을 통해 깔끔하게 커트를 시도하거나 변화를 추구한 수십 명의 신사들을 관찰한 결과, 그들에게 외모뿐 아니라 태도나 내면에도 멋진 변화가 발생한 것을 발견할 수 있었다. 더욱이 기쁜 사실은 그 변화가 본인뿐 아니라 가족이나 부하 직원, 혹은 고객과 같이 주변 사람들에게도 긍정적인 영향을 미치곤 했다는 점이다.

헤어스타일의 변화를 시도하다 보면 새로운 패션에도 도전해보게 되는 결과가 찾아온다. 지금까지는 좀처럼 도전해볼 수 없었던 비즈니스 스타일도 자연스럽게 시도해볼 수가 있는 것이다.

그 결과 인생에 자기만의 색깔이 생겨난다. 헤어스타일을 바꾸어보면 일뿐 아니라 개인적으로도 화사한 변화를 낳을 수도 있으므로 부디 도전해보기 바란다.

외모를 업그레이드시켜주는 헤어스타일의 위력

자신을 꾸미는 데 서툰 남성들이 자주 하는 실수 중 하나가 자신에게 어울리지 않는 스타일링을 고집한다는 것이다. 한번은 모 유명 연예인의 화보를 들고 와서는 무작정 똑같은 헤어스타일링을 해달라고 의뢰했던 고객이 있었다. 그 연예인은 작은 두상에 고운 턱 선을 가진 연예계 대표 꽃미남 배우였는데, 안타깝게도 고객은 그와는 정반대의 스타일이었다.

그렇다면 헤어스타일은 어떻게 결정하면 될까? 가장 보편적으로 많이 쓰이는 방법은 얼굴형에 맞춰 스타일링하는 것이다.

얼굴형별 어울리는 헤어스타일

긴 얼굴형은 앞머리를 너무 길게 내리면 오히려 세로 선을 강조해서 얼굴이 더 길어 보인다. 이마가 살짝 보일 정도로 앞머리를 사선으로 내리고, 귀 옆 부분의 볼륨을 살려서 전체적으로 둥근 머리 모양을 만들어주면 잘 어울린다.

얼굴에 각이 졌다면 약간 곡선이 있는 헤어스타일을 추천한다. 양옆이 각진 얼굴형이라면 구레나룻의 역할이 중요하다. 구레나룻을 길러 얼굴의 각을 자연스럽게 가려주는 스타일링이 좋다. 역삼각형 얼굴이나 뾰족한 턱이 고민이라면 머리를 짧게 자르는 것은 피해야 한다.

좁은 이마는 옆 가르마를 타서 시원하게 사선을 만들어준다. 정수리 볼륨은 살리고 귀로 갈수록 호리호리해지는 역삼각형의 헤어스타일을 만들면 효과적이다.

둥근 얼굴형은 가운데 가르마와 가운데에서 살짝 옆으로 위치한 가르마가 잘 어울린다. 귀밑머리는 일자로 기르는 게 좋고, 뒷머리는 너무 짧게 자르지 않는다. 머리 옆 부분의 볼륨은 줄이고 정수리의 볼륨을 살리는 것이 중요하다.

헤어스타일의 완성은 손질에서 갈린다!

아무리 헤어 커트가 완벽하다고 해도 깔끔하게 손질되지 않은 머리는 꿰지 않은 구슬이나 다름없다. 많은 남성들이 사용하는 헤어스타일링 제품으로는 대표적으로 왁스, 에센스, 스프레이가 있다.

얼굴형에 맞춰 볼륨을 줘야 할 부분에 드라이 바람을 넣어 컬을 만들어준 다음, 에센스나 왁스를 소량으로 발라주면 깔끔한 헤어스타일이 연출된다. 강하게 머리를 고정해야 할 때는 스프레이를 활용해도 좋다.

반트 365 왁스
튜브 타입으로 세팅력도 좋으면서 두피에 자극이 없어 많은 남성들에게 사랑 받는 제품이다.

에뛰드 매트 모히칸 왁스
숏, 미디엄 기장의 헤어스타일에 사용할 수 있는 제품으로 광택이 없어서 부드러운 스타일을 내기에 적합하다.

미장센 m9 왁스
세팅력이 아주 높은 9단계 왁스로 광택이 거의 없어 편하게 세팅할 수 있는 제품이다.

31

대머리를 최악으로 만드는 스타일링

중년 남성들의 일반적인 고민 가운데 하나는 탈모다. 어쩌면 탈모 방지 약 개발은 인류의 오랜 염원 가운데 하나일지도 모른다. 탈모로 고통 받는 남성들을 대상으로 수많은 기업들이 발모촉진제뿐 아니라 가발 등 탈모 상품 개발에 여념이 없다.

남성들은 탈모가 시작되면 머지않아 대머리가 될 수도 있다는 공포를 느낀다. 거기에는 많은 이유가 있겠지만 그중에서도 '대머리는 여성에게 인기가 없다'라는 노파심 때문일 것이다. 그런데 여성은 정말로 머리숱이 적은 남성을 싫어할까?

티 나는 가발보다 차라리 대머리가 낫다

한 실태 조사 결과에 따르면 여성들은 탈모 그 자체를 싫어한다기보다는, 그것을 감추기 위한 헤어스타일이나 태도에 거부감을 느낀다고 한다.

물론 여성에게 인기가 있느냐 없느냐, 그것만이 탈모에 대한 걱정은 아닐 것이다. 머리숱이 적어지면 외모가 늙어 보인다. 그러면 자연스럽게 젊은 시절 예리하게 보이던 자신의 외모가 그리워지면서 어떻게든 탈모를 막고 싶어진다. 마치 여성들이 기미나 주름, 처진 몸매에 신경을 쓰는 것과 같은 심리다.

하지만 여성 역시 늙어가는 외모를 감추기 위해 화장을 지나치게 진하게 하거나, 젊어 보이려고 짧은 미니스커트를 입으면 부자연스럽고 어색하다. 마찬가지로 탈모를 감추기 위해 옆머리를 억지로 넘긴 바코드 같은 헤어스타일을 연출하거나 누가 보더라도 티가 나는 가발을 쓴다면 의기소침하고 칙칙하게 느껴진다.

한 50대 남성이 이미지 컨설팅을 받으러 사무실에 찾아온 적이 있다. 그는 한눈에 딱 보기에도 티가 날 정도로 모발이 거친 부분 가발을 쓰고 있었다. 정수리 부분이 너무나도 어색해서 상담 도중 더 이상 참지 못하고 질문을 던졌다.

"실례지만, 부분 가발인가요?"

그는 당혹스러운 표정으로 "왜 그러세요?"라며 반문했다. "그 부분만 모발이 다르고, 위치도 좀 이상해서요"라고 대답했더니, "알아보시겠어요? 역시 프로네요!"라고 했다.

서양에서는 대머리를 단점이라기보다 그 사람의 개성을 나타내는 요소 중 하나라고 생각한다.

하지만 프로라서가 아니라 그 가발은 누구라도 알아볼 수 있을 만큼 부자연스러웠다. 그런 모습으로 계속 지내는 그가 안타까운 마음에 차라리 그만 쓰는 편이 낫겠다는 제안을 했다. 처음에는 망설이던 그도 필자가 강하게 설득하자 용기를 내어 가발 쓰기를 중단했다. 그리고 현재 완전히 깔끔한 민머리 상태로 생활한다. 더불어 슈트는 몸에 딱 맞게 입고, 테가 굵은 안경으로 또렷한 인상을 연출하자 훨씬 멀끔해졌다.

그 외에도 원형 탈모증을 앓고 있던 또 다른 경영자에게도 완전히 민머리로 지내볼 것을 권했다. 지금은 그 모습이 그의 트레이드마크가 되었다.

옆머리로 숱이 적은 정수리 부분을 덮어 감춘 60대 신사나, 흑채를 뿌려서 하얀 셔츠가 시꺼멓게 변해서 다니는 40대 변호사, 그 외에도 정수리 모발 탈모로 괴로워하는 30대 비즈니스맨 등 이들 역시 모두 옆 머리카락을 깔끔하게 자르고 전체적으로 숱을 쳐내서 머리숱이 적은 정수리와의 차이를 없앴다. 영화 〈다이 하드〉의 주인공 브루스 윌리스처럼 전체적으로 머리를 싹 밀면 놀랄 만큼 남성답고 멋지게 변신할 수도 있다.

탈모로 고통 받는 남성뿐 아니라, 주름이나 큰 얼굴로 고민하는 남녀 모두 그것을 숨기려 노력할수록 오히려 자신의 외모를 망친다.

단점은 숨기려 하면 할수록 눈에 띈다. 있는 그대로 적절하게 활용할 수 있는 방법을 연구하는 편이 현명하다. 콤플렉스도 개성의 하나라고 생각하면 그것을 살릴 수 있는 디자인이 있기 마련이다.

이 지론은 회사나 개인에게도 적용할 수 있다. 결점은 장기적인 전략을 통해 점차 고쳐나가야 한다. 하지만 곧바로 대처하거나 개선할 수 없다면 그것을 있는 그대로 활용할 수 있는 전략을 세워야 한다.

건강한 두피에서 건강한 모발이 나온다

머리숱이 빈약해도 모발이 건강한 사람과 그렇지 않은 사람은 극과 극으로 다르다. 건강한 모발이 생성되려면 두피부터 관리해줘야 한다.

두피는 모발의 근원이 되는 세포가 생성되는 장소이다. 두피는 피지선과 한선(피부선 가운데 땀을 분비하는 선)이 많고 피지 분비량이 무려 T존의 두 배나 된다. 끈적거리고 더러워지기 쉽기 때문에 피부보다 더 신경 써 줘야 하는 부위이다.

두피를 관리하는 방법은 생각보다 간단하다. 샴푸는 매일 하는 것이 좋지만 아침보다는 저녁에 머리를 감는 것이 좋다. 저녁에 머리를 감지 않고 자는 것은 하루 동안 밖에서 쌓인 먼지와 피지를 씻지 않고 자는 것과 다름없다. 또한 린스를 바를 때는 두피를 제외한 부위에 발라준다. 린스는 유분이 많아서 두피의 모공을 막아 비듬과 탈모의 원인이 될 수 있기 때문이다. 샴푸와 린스를 사용한 후에는 반드시 충분히 헹궈야 한다.

영양소를 골고루 섭취하는 것도 중요하다. 콩, 우유, 해산물에는 미네랄과 단백질이 풍부해서 모발 건강에 도움을 준다. 무엇보다 만병의 근원인 스트레스는 두피와 모발 건강에도 좋지 않다. 마음을 편하게 갖고 심리적인 안정을 취하는 것이 좋다.

마지막으로 두피 건강이 좋지 않은 사람이라면 파마나 염색은 피하는 것이 좋다.

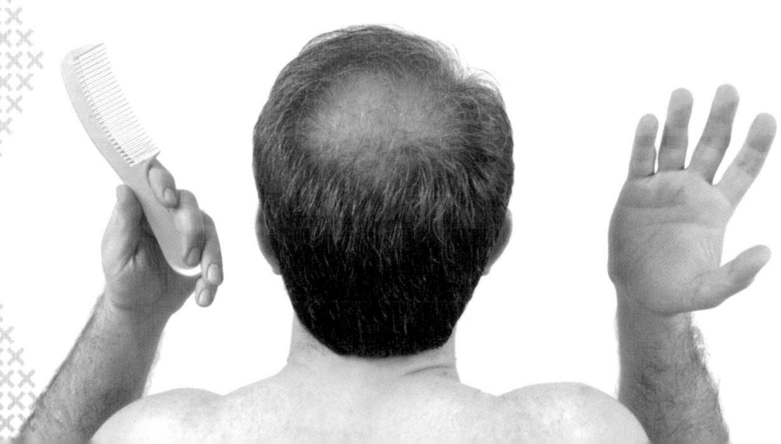

32

때로는 새치도 무기가 될 수 있다

다양한 모임에 참석하다 보면 나이에 걸맞지 않게 짙은 검은색 머리카락을 흩날리는 신사들을 자주 만나게 된다. 그 대부분은 흰머리를 감추고자 일부러 머리카락을 검게 염색한 것이었다. 머리숱이 풍성한 사람이라면 상관없겠지만 대부분의 남성들은 중년에 접어들면 흰머리가 생기면서 머리숱도 줄어들기 마련이다. 그런 자연스러운 현상을 거스르고자 검은색으로 머리를 염색한다면 빈약한 머리숱을 더욱 강조하는 역효과를 낳게 된다.

그나마 실내에서는 그다지 눈에 띄지 않지만 실외에서 햇빛을 받으면 그 초라한 모습이 더욱 두드러진다. 상상해보시라. 휑한 정수리 부분을 간신히 덮은 검은색 머리카락. 왠지 쓸쓸한 인상마저 자아낸다.

중년들이여, 나이가 들면서 생기는 변화에 주눅 들지 마라!

흰 털은 턱 등과 같이 얼굴 주변과 가까운 곳에서부터 많이 생기는 경향이 있다. 체모가 하얗게 되는 것은 노화 현상 가운데 하나인데, 그 사실을 타인에게 알리기 위해 얼굴 가까운 곳부터 하얗게 변한다고 한다.

인간에 가까운 동물인 오랑우탄 역시 나이가 들면 얼굴 주변부터 흰 털이 나기 시작한다. 동물 세계에서는 수컷끼리 서열 다툼을 하다 죽음에 이르기도 한다. 그렇기 때문에 불필요한 싸움을 피하기 위해 나이가 들면 얼굴 주변부터 털의 색이 변한다. 즉 늙은 수컷이므로 싸움의 대상이 아님을 알리기 위함이다. 이러한 현상을 고려해보면 남성이 흰머리를 염색하는 이유는 어쩌면 서열 다툼에서 제외되는 시기를 늦추고 싶은 본능 때문일지도 모른다.

어쨌든 흰머리가 생기면 신경이 쓰이고, 보통은 염색하고 싶은 마음이 들 것이다. 고교 동창회에 빠짐없이 참석하는 60대 대선배 역시 염색으로 흰머리를 가렸다. 하지만 정수리 부분의 숱이 적었던 탓에 검은 머리카락 사이로 맨살이 들여다보여서 무척 눈길을 끌었다.

바코드처럼 보이는 그 헤어스타일 때문에 사람들의 입방아에 오르는 선배를 필자는 그대로 보고만 있을 수는 없었다. 2년 동안 설득한 결과 선배는 머리카락을 짧게 자르고, 염색은 더 이상 하지 않았다. 처음에는 반신반의하던 선배도 주변의 칭찬이 거듭되자 현재의 스타일을 마음에 들어 했다.

만약 당신이 지금 흰머리를 염색할지 말지 고민하고 있다면 확실하게 말할 수 있다. 부디 흰머리를 염색하지 말기를 바란다.

관록과 카리스마로 승부하라

동물의 세계와는 달리, 인간 사회에서는 체력과 젊음만이 우두머리의 조건은 아니다. 물론 제멋대로 흰머리가 나고 아무렇게나 머리카락을 기르면 피로에 지쳐 보이는 인상을 줄 수도 있다. 하지만 짧고 깔끔하게 자른 헤어스타일이라면 흰머리가 섞여 있어도 입체감이 있어 보이기 때문에 긍정적인 이미지를 연출할 수가 있다.

또한 흰머리는 연륜에서 묻어나는 여유로움과 지혜로운 인상을 연출한다. 게다가 흰머리를 당당하게 내보일 수 있는 내면은 그 사람의 자신감을 상징하기도 한다.

살다 보면 환경도 변하고 자기 자신도 변한다. 그것은 사회도 마찬가지다. 변화란 그것을 방치해서도 있는 그대로 받아들여서도 안 된다. 변화를 역이용하고 그것을 자신의 강점으로 바꿀 줄 아는 비즈니스맨이 글로벌 비즈니스 세계에서 살아남을 수 있다.

요컨대 스스로에게 일어난 변화를 강점으로 이용할 줄 아는 전략! 그것은 40세 이후 자신의 인상을 관리하는 데에도 반드시 반영되어야 한다.

탈모와 흰머리를 감쪽같이 감춰주는 모자 연출법

최근 들어 페도라(Fedora, 중절모)를 패션 소품으로 활용하는 남성들이 많아진 듯하다. 페도라는 영화 〈대부〉의 말런 브랜도와 알 파치노가 멋스럽게 연출했던 패션 아이템이기도 하다.

과거 페도라는 나이 지긋한 남성이 애용하는 아이템으로 여겨졌다. 그러나 디자인과 소재, 컬러가 다양해지면서 젊은 남성들에게도 사랑 받고 있으며 성별과 나이를 뛰어넘어 인기를 얻고 있다. 소재 또한 모직, 마 데님 등

흰머리와 탈모가 고민이라면 페도라를 활용해서 신사의 품격을 극대화할 수 있다.

다양하기 때문에 사계절 내내 코디하는 데도 손색이 없을 정도다. 페도라를 코디할 때 주의해야 할 점은 무엇일까?

페도라는 눈에 띄는 패션 아이템이기 때문에 옷은 심플하게 입고 다른 액세서리는 최대한 배제하는 것이 좋다. 특히 페도라는 얼굴형과 어울리는 모양을 찾는 게 중요하다. 얼굴이 큰 사람은 장식이 없는 심플한 페도라를 선택하는 것이 좋다. 장식이 많으면 시선이 위로 쏠려 큰 얼굴이 더욱 부각되기 때문이다.

긴 얼굴은 중간 넓이의 챙에 크라운(페도라의 윗부분)이 낮고 둥근 형태가 좋다. 턱이 긴 사람이라면 정수리 부분이 볼록하고 챙은 둥그렇게 말린 스타일이 좋다. 유연한 곡선이 강한 인상을 부드럽게 해준다.

격식 있는 자리에서는 모던한 디자인과 무채색의 페도라를 선택하자. 리본 혹은 깃털 장식이 달렸거나 챙이 넓거나 좁은 것은 피하는 게 좋다. 세미 정장이나 캐주얼 차림에는 검은색 트릴비(페도라보다 챙이 짧고 윗부분이 움푹 파인 모자)를 쓰면 멋스럽다.

트릴비

33

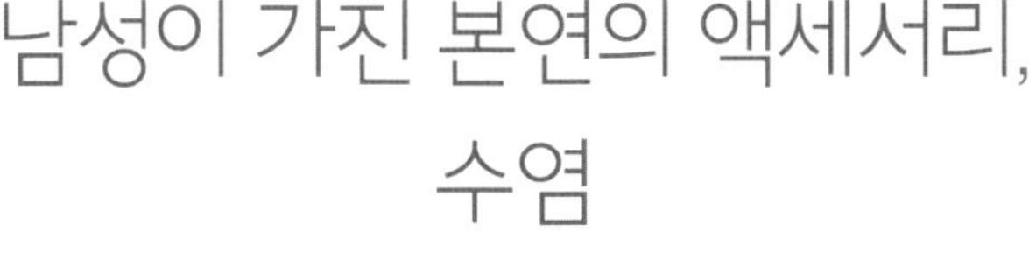

남성이 가진 본연의 액세서리, 수염

2013년 한 여성 주간지가 20~30대 여성들을 대상으로 '키스하고 싶지 않은 남성 유형'에 관한 설문 조사를 실시했다. 그 결과 '입 냄새 나는 남성'에 이어 '수염이 지저분하게 난 남성'이 2위를 차지했다. 3위 '코털이 삐져나온 남성'보다 순위가 높다는 점이 의외였다. 특히 깎다 만 듯한 수염이나 제대로 손질하지 않은 수염이 가장 보기 싫은 유형으로 꼽혔다. 의도적으로 관리하고 기른 수염과 목까지 기른 터프한 스타일에 대해서도 부정적인 평가가 많았다. 신은 쓸데없는 것을 만들지 않는다고 했는데, 수염은 왜 현대 사회에서 무용지물이 됐을까?

남자답거나 불결하거나

수염이 처음부터 무용지물이었던 것은 아니다. 시대가 변화함에 따라 수염에 대한 인식도 점점 바뀌어왔다. 수염이 지혜와 권력의 상징이었던 고대와 중세 시대를 지나 근대에 접어들자, 세계 곳곳에서 '면도' 문화가 생겨났다. 러시아의 표트르 1세는 근대화 정책의 일환으로 전 국민에게 면도를 강요했고 심지어는 수염에 세금을 부과했다. 표트르 1세가 귀족들을 만찬에 초대해놓고 긴 수염을 가차 없이 잘라버린 일화는 유명하다. 일본에서는 에도 시대 중기부터 수염을 깎는 습관이 생겼다. 제2차 세계대전 이후에는 사회인이 수염을 기른 모습은 바람직하지 않다는 인식이 자리 잡았다.

앞에서 말한 '여성들의 호감도' 조사 결과만 보더라도 현대 사회에서 수염에 대한 이미지는 그리 긍정적이지 않은 듯하다. 수염은 20세기에서 '게으름'과 '불결함'을 상징하는 부정적인 코드로 바뀌어버렸다.

러시아 근대화 정책의 일환으로 수염에 세금을 부과했던 표트르 1세.

하지만 여기서 우리가 주목해야 할 점은 '수염'이 아니라 '게으름'과 '불결함'이다. 수염은 위엄을 상징하면서, 동시에 불결함을 상징한다. 양날의 검과 같은 모순되는 두 이미지는 수염이 처한 현주소다. 어떻게 관리하느냐에 따라 수염은 본인의 개성을 어필할 수 있는 액세서리로서 충분히 진가를 발휘할 수 있다. 그렇다면 어떻게 수염을 '잘' 스타일링할 수 있을까?

수염을 기르면 마이너스인 사람과 플러스인 사람

수염은 처음부터 아예 기르지 말거나, 기른다면 철저하게 관리하며 전략적으로 활용할 줄 아는 노하우가 필요하다. 제대로 수염을 스타일링하기 위해서는 면도 이상의 공력이 든다. 미용가위로 섬세하게 다듬는 것은 물론, 아이브로펜슬로 수염 사이 빈 공간을 꼼꼼하게 메우는 작업도 필요하다. 수염의 스타일링 방법도 각양각색이기 때문에 자신에게 맞는 스타일을 찾기 위해 끊임없이 연구해야 한다.

아쉽게도 동안에는 수염이 잘 어울리지 않는다. 얼굴형이 동그랗고 어리게 보이는 사람일수록 수염을 길러서 연륜 있게 보이고 싶어 한다. 그러나

자신과 어울리지 않는 수염은 오히려 이미지를 망치는 역효과를 낳는다.

수염을 기른 어린아이의 얼굴을 상상해보자. 성숙해 보이기는커녕 어색하고 자칫 우스꽝스럽게 보일 수도 있다. 동안인 사람은 성숙하게 보이려고 애쓰기보다는 에너지 넘치고 활기차게 보이는 인상을 강점으로 내세워야 한다.

동안이 아니라면 자신이 처한 환경이나 사회적 위치 등에 따라 수염을 기를지 말지를 결정하면 된다. 가령 청결함을 신경 써야 하는 요식업계 종사자라면 덥수룩한 수염은 비즈니스 면에서 마이너스다. 더불어 자신이 근무하는 회사의 방침뿐 아니라 거래처나 고객 혹은 상사나 동료가 가지고 있는 수염에 대한 가치관도 충분히 생각해볼 필요가 있다.

수염이 비즈니스 관계에 결정적인 영향을 미치는 경우도 있다. 일례로 어느 무역 회사는 직원들 가운데 약 20퍼센트가 수염을 기른다고 한다. 그 20퍼센트는 아시아와 중동 지역 담당자들이다. 아랍권 국가 남성들은 수염을 성인 남성의 증표라고 생각하기 때문에 상대가 수염을 기르지 않으면 성인 취급을 해주지 않는다. 극단적인 예이기는 하지만 이슬람 국가와의 거래에서 단지 수염을 기르지 않았다는 이유로 거래가 무산되었다는 이야기도 있을 정도다.

얼굴형에 맞는 수염 스타일

얼굴형이 넓적한 사각형 얼굴에 어울리는 수염 스타일이다. 콧수염과 턱수염이 분리된 형태로 숱이 많지 않아도 자연스럽게 연출할 수 있다.

이목구비가 뚜렷하고 갸름한 얼굴형에 어울리는 수염 스타일이다. 특히 눈썹이 진한 사람에게 어울리며 입이 지나치게 큰 사람은 단점이 부각될 수 있으므로 피하는 것이 좋다.

이마가 넓은 사람에게 어울리는 수염 스타일이다. 이 스타일은 시선을 얼굴 하단으로 집중시켜 넓은 이마를 보완해준다. 단 수염 숱이 많지 않다면 빈약해 보일 수 있다.

턱이 뾰족하거나 주걱턱에 어울리는 수염 스타일이다. 구레나룻에서 턱까지 수염을 이어주는 스타일로 뾰족한 턱을 무뎌 보이게 해준다.

이슬람 국가에서는 수염을 남성의 상징이자 권력의 근원으로 생각한다.

면도와 수염 손질의 기본

앞서 강조했듯이 수염은 청결함이 최우선이다. 깔끔하게 수염을 기르고 싶다면 다른 사람의 눈에 비치는 수염의 라인과 길이에 주의를 기울여야 한다. 입은 음식을 먹거나 말할 때 사용하는 부위다. 그렇기 때문에 입 주위를 깔끔하게 관리하지 못하면 타인에게 혐오감을 줄 수도 있다.

또한 턱수염이 난 부위에 있는 피지선에서는 남성 특유의 냄새가 난다. 이 냄새는 이성을 유혹하는 페로몬 역할을 하지만, 수염 관리를 게을리 했다가는 오히려 악취가 될 수 있으니 각별한 관리가 필요하다.

입술로부터 최소 2밀리미터 떨어지고, 옆에서 보았을 때 수염이 피부로부터 3밀리미터 이상은 자라 있지 않도록 관리해야 불결하고 게을러 보이는 인상을 주지 않는다. 수염을 기르는 사람이라면 전동 면도기의 눈금을 3밀리미터에 맞추어 놓고 매일 아침 깔끔하게 손질하는 것이 기본임을 잊지 말도록 하자.

좀 더 깨끗한 이미지를 만들기 위해서는 구레나룻도 함께 신경 써주는 것이 좋다. 집에서 구레나룻 관리가 어렵다면 미용실에 갔을 때 면도를 받아보는 것도 좋은 방법이다.

가끔 세안 전에 면도를 하는 남성들이 있는데 피부가 건조한 상태에서 면도기를 사용하면 피부 각질이 일어나고 상처가 날 수 있다. 그러니 면도는 세안 후에 하는 습관을 기르는 것이 좋다. 또 수염을 깎고 나면 애프터셰이빙 로션으로 거칠어진 피부에 영양을 공급해주자.

수염은 입술로부터 최소 2밀리미터 이상 떨어지도록 관리하는 것이 바람직하다.

면도 용품을 잘 관리하는 것도 올바른 방법으로 면도하는 것만큼 중요하다. 습식 면도기를 사용한 후에는 물로 깨끗이 씻어 면도날이 위로 가도록 세워 건조한 곳에서 말려야 한다. 물기가 있는 면도기를 그대로 방치하면 면도 시 벗겨진 피부 각질과 수염이 면도날에 묻어 세균이 번식할 가능성이 높아진다. 면도날은 평균적으로 3주마다 교체하는 것이 바람직하지만, 한 달에 8~10회 정도 면도한다면 두 달 정도 사용이 가능하다.

운이 세는 눈썹,
성공을 부르는 눈썹

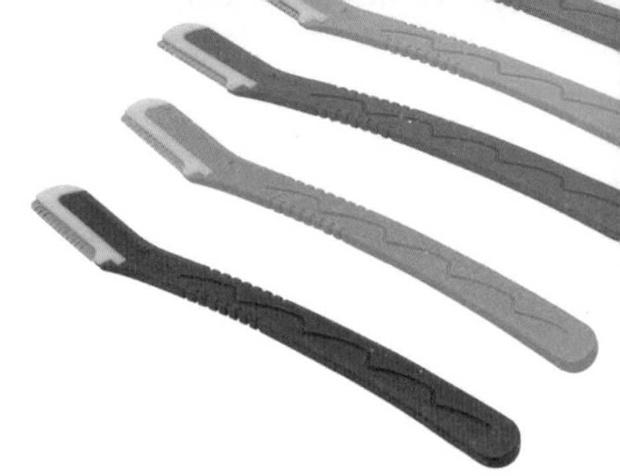

커뮤니케이션을 할 때 눈과 눈썹을 보면 상대의 의사와 감정을 파악할 수 있다. 눈썹이 감정 표현의 기능을 한다고 주장하는 근거는 무엇일까? 불교에서 눈썹은 번뇌를 의미한다. 기업을 경영하는 필자의 한 고객은 승려 수행차 인도에 갔었는데, 그곳에서 가장 먼저 하는 수행이 눈썹을 미는 행위라고 했다. 그 행위에는 수행에 앞서 세속에서의 감정을 모두 버린다는 의미가 담겨 있었다.

상대의 얼굴을 관찰하다 보면 눈썹이 표정에 맞추어 활발하게 움직인다는 사실을 알 수가 있다. 놀랍거나 기쁠 때 사람의 눈썹은 위로 올라간다. 반면 고민에 빠졌거나 난처할 때 눈썹은 아래로 내려간다. 눈썹이 없는 사람을 만나면 왠지 무섭다. 그 이유는 상대의 감정을 파악하기 어렵기 때문이다.

눈썹 모양에 따라 180도 변하는 사람의 인상

앞서 상대의 얼굴, 즉 인상을 통해 그 사람의 내면을 추측한다고 말했다. 이때의 판단 기준은 상대의 인상이 어떤 표정에 가까운지가 된다. 가령 눈썹이 아래로 처진 사람이라면 왠지 인상도 축 처져 보인다. 그리고 눈썹이 올라가 있다면 자신감 넘치는 밝은 사람처럼 보인다.

또한 눈썹은 성별과 연령에 따라 특색이 다르다. 일반적으로 남성은 여성에 비해 눈썹이 진하고 굵다. 이것은 남성다움의 상징으로도 여겨진다. 한편 갓 태어난 아기들은 눈썹이 얇고 흐릿하다. 그리고 청년이 되면서 진하고 멋진 눈썹으로 변한다.

나이가 더 들면 눈에 띄게 눈썹이 자라서 군데군데 삐져나와 보이기도 한다. 이러한 눈썹은 중년 남성의 상징이기도 하다. 그 때문에 눈썹이 짙고 긴 남성의 얼굴에서는 관록과 안정감이 느껴지는 경우가 많다. 이렇듯 눈썹의 숱과 모양 등에 따라 사람의 인상은 180도로 달라 보인다.

자연스러운 눈썹 연출법

남성들은 보통 눈썹이 자라더라도 자연스럽게 그냥 내버려두는 경우가 많다. 하지만 비즈니스맨이라면 인상 관리를 위해서라도 눈썹 다듬는 법을 배워두는 게 좋다.

그렇다면 비즈니스맨은 어떤 식으로 눈썹을 관리하는 것이 좋을까?

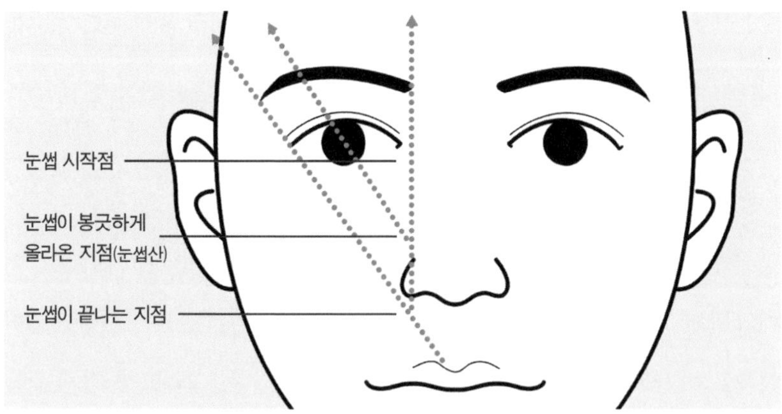

눈썹은 가로 길이가 너무 길면 얼굴이 넓어 보이고 눈썹 시작점이 너무 앞에 있어서 눈썹 사이가 좁으면 속이 좁아 보인다. 그림에서 보이는 것처럼 눈썹 시작점은 콧망울에서 눈앞꼬리를 잇는 일직선에서 시작해야 한다. 눈썹이 끝나는 지점은 입술 중심점과 눈초리를 잇는 대각선의 연장선에 있다.

위로 삐져나온 눈썹은 전체적으로 다듬고, 아래로 처져 보이는 부분은 꼬리 부분을 잘라주는 방식이 적당하다. 이렇게 하면 정갈하면서도 연령에 맞고 관록이 느껴지는 눈썹을 만들 수 있다.

이때 가장 주의할 점은 지나치게 눈썹을 다듬어서 너무 젊어 보이는 인상을 만들지 않는 것이다. 과감하게 다듬은 눈썹이 요즘 젊은이들의 상징이라고는 하지만 비즈니스맨에게 그러한 이미지는 득이 되지 않는다.

눈썹은 감정을 표현하기 때문에 관리가 중요하다. 아무쪼록 자신에게 적절한 눈썹 다듬는 방식이 무엇인지 잘 연구해보기 바란다.

자연스럽게 눈썹 그리는 법

1. 눈썹 빗에 달린 솔로 눈썹 결을 빗어준다.
2. 눈썹 빗으로 눈썹을 빗어 내렸을 때 삐죽삐죽 나온 눈썹의 길이를 정리해준다.
3. 아이브로펜슬로 눈썹 시작점과 끝 지점, 눈썹산의 가이드라인을 표시한다.
4. 눈썹 사이사이 비어 있는 부분을 메우듯이 그려준다.
5. 눈썹솔로 결을 정리해 마무리한다.

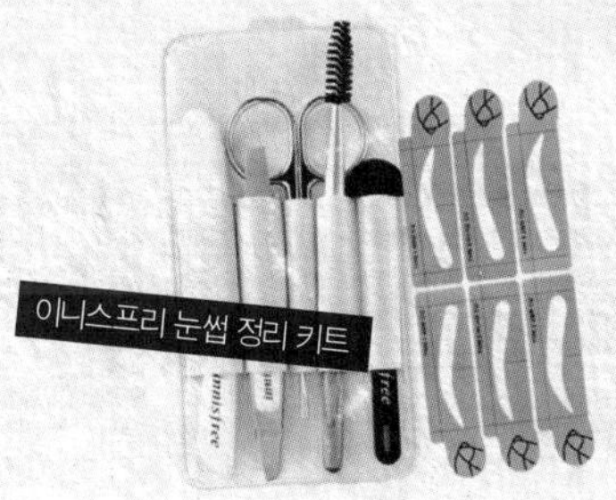

이니스프리 눈썹 정리 키트

35

피부가 퇴근 후 당신의 생활 습관을 말한다

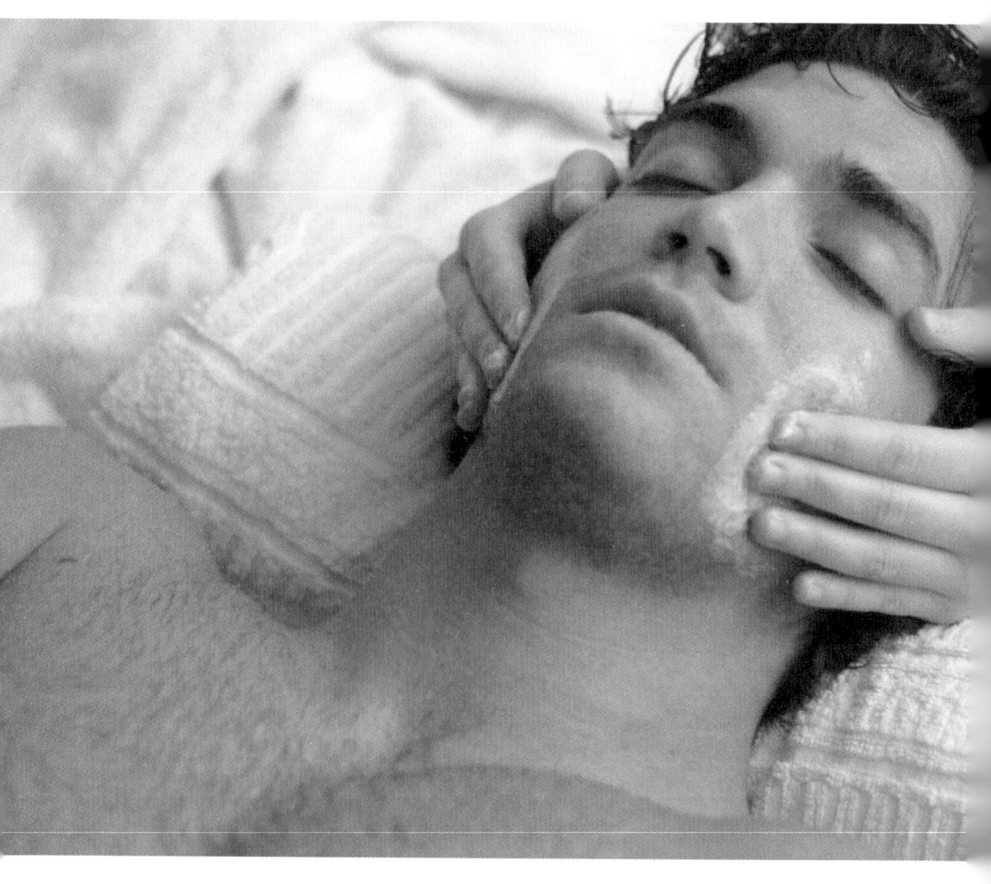

어떤 설문 조사에서 호감도 1순위를 차지한 남성 유형으로 '피부가 윤기 있고 깨끗한 남성'이 꼽혔다. 요즘은 여성뿐 아니라 남성도 피부가 좋아야 인기가 있다.

무엇보다 피부 상태는 깔끔한 인상과 직결된다. 또한 피부는 남녀 사이에서뿐 아니라 인간 대 인간의 커뮤니케이션에서도 중요한 정보 제공의 기능을 한다.

가령 지난밤 늦게까지 놀러 다닌 사람의 피부는 푸석하고 윤기가 없다. 게다가 거칠고 창백하거나 눈 밑에는 다크서클마저 생긴다. 그런 모습을 본 상사나 동료는 '저런 상태로 오늘 일은 잘할 수 있을까?'라며 업무와 관련해 선입견을 가질 수도 있다.

평소 하던 업무 이외에 새로운 일을 맡기고 싶어도 오늘은 맡기지 않는 편이 낫겠다고 생각할 수도 있다. 중요한 거래처와 회식이 있더라도 "자네. 컨디션이 안 좋은 것 같은데 오늘 회식은 빠져도 괜찮아!"라며 제외시킬 수도 있다. 이렇게 되면 승진 대상에서도 영영 제외될 수 있다.

피부는 내장의 거울

일전에 한 메이크업 아티스트로부터 흥미로운 이야기를 들은 적이 있다. 점을 볼 때 피부를 건강해 보이도록 화장을 했을 때와, 약간 푸석해 보이도록 화장을 했을 때 각각 그 결과가 다르게 나온다는 내용이었다.

동양 의학에서도 피부는 내장의 거울이라는 말이 있을 정도로 건강 상태를 엿볼 수 있는 척도이다.

요컨대 안색이나 피부 상태로 상대의 건강을 미루어 짐작하는 것은 일리가 있는 행동이다. 사람들은 집을 사거나 보험 계약을 할 때, 주식 매매를 할 때 건강해 보이지 않는 중개인에게는 일을 의뢰하고 싶어 하지 않는다. 더욱이 평생을 함께할 반려자를 선택할 때는 건강 상태를 반드시 고려하게 된다. 건강은 비즈니스에서나 개인 생활에서나 선택 받는 사람이 되기 위한 필수 조건이다. 따라서 건강한 상태를 나타내는 윤기 있는 피부는 상대에게 좋은 인상을 주기 위해 꼭 필요한 요소다.

피부 관리는 꾸준함이 정답이다

하지만 쉽게 바꿀 수 있는 헤어스타일이나 안경, 의복과는 달리 피부는 하루아침에 그 상태를 바꾸거나 개선할 수 없다. 적어도 신진대사의 '턴 오버 사이클'(Turn over cycle, 표피의 세포가 새로 태어나 약 28일에 걸쳐 각질이 되고 떨어져 나가는 일련의 과정)이라고도 불리는 28일은 필요하다. 이 기간 동안 일상적인 관리를 꾸준히 유지하는 것이 핵심이다.

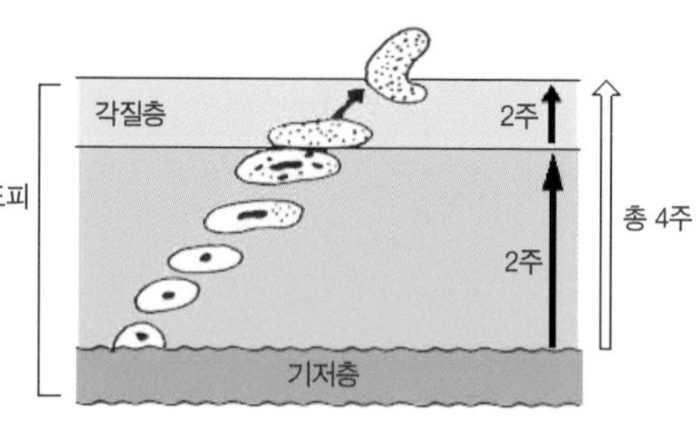

표피가 각질이 되어 떨어져 나가는 과정

독자 분 중에서는 남성 체면에 피부를 관리하는 것은 당치 않다고 생각하는 사람도 있을 것이다. 하지만 피부를 가꾼다고 해서 엄청나게 거창한 관리를 해야 하는 것은 아니다. 매일 아침저녁으로 꼼꼼하게 세안하고, 면도 후에는 깨끗한 손으로 화장수를 바르는 정도만으로 충분하다.

하루 여덟 잔 정도의 물을 마시면 몸 안에 쌓인 독소나 노폐물이 소변으로 배출된다. 충분한 수분 섭취는 혈액순환을 돕고 뇌기능을 활성화시켜 피로 회복에도 좋다.

단 유분이 많은 피부 타입이라면 일주일에 2~3회 정도 스팀 타월로 얼굴 전체를 감싸서 불필요한 유분을 제거해주는 것이 좋다. 모공에서 불필요한 유분을 제거하면 여드름을 방지할 수 있을 뿐 아니라 기름기 가득했던 피부도 점차 개선된다.

필자의 조언에 따라 세안, 화장수, 스팀 타월 팩으로 3개월 동안 관리한 60대 후반 남성의 피부는 얼핏 보기에도 윤기가 느껴질 만큼 개선되었다. 그 결과 실제 나이보다 열 살까지 어리게 보는 사람이 생겼다고 한다. 60대조차 이런 효과를 얻을 수 있을 정도다. 하물며 30대나 40대부터 피부 관리 습관을 들인다면 피부 상태를 젊게 유지하는 데 훨씬 더 도움이 된다.

앞에서도 말했듯이 피부는 내장의 거울이다. 아무리 외적으로 관리를 하더라도 근본적으로 내장이 건강하지 못하다면 윤기 있는 피부를 만들기 어렵다. 그러므로 건강한 식생활이 반드시 병행되어야 한다. 한 기업의 경영자는 처음 필자의 스튜디오에 찾아왔을 때 피부가 거칠고 얼굴도 부어 보였다. 하지만 인상 관리를 받으면서 차츰차츰 식생활 개선을 시도했다.

그 방법은 아래와 같다.

하루에 물 2리터 마시기와 술을 마실 때는 탄수화물을 함께 섭취하지 않고 반드시 술과 같은 양의 물을 마시는 것이다.

이것을 함께 실천한 결과 건강하게 살도 빠진 것은 물론 피부에서 윤기가 나며 얼굴도 깔끔하고 세련되게 바뀌었다. 그 결과 외모에서 강한 자신감이 엿보이고, 사업도 더욱 발전했다.

피부가 좋아지는 간단 노하우

1. 비누 세안은 금물

씻고 난 뒤 뽀득뽀득한 감촉이 좋아서 일반 비누로 세안하는 남성들이 많은데, 비누는 피부에 필요한 수분까지 빼앗아가서 피부에 좋지 않다. 계면활성제가 들어가지 않은 폼클렌징 제품이나 천연 비누를 이용하여 세안하자.

2. 충분한 수분과 수면을 취할 것

피부 재생 시간인 밤 10시부터 새벽 2시까지는 충분한 수면을 취하는 게 좋다.

3. 남성용 화장품과 친해질 것

요즘에는 남성 전용 화장품들이 시중에 많이 나와 있다. 스킨, 에센스, 미백 크림 등 어떤 제품을 써야 할지 골치 아프다면, 이 모든 기능을 담은 올인원 크림을 구매해서 써도 좋다.

깔끔한 손톱 관리로 호감도 지수 UP!

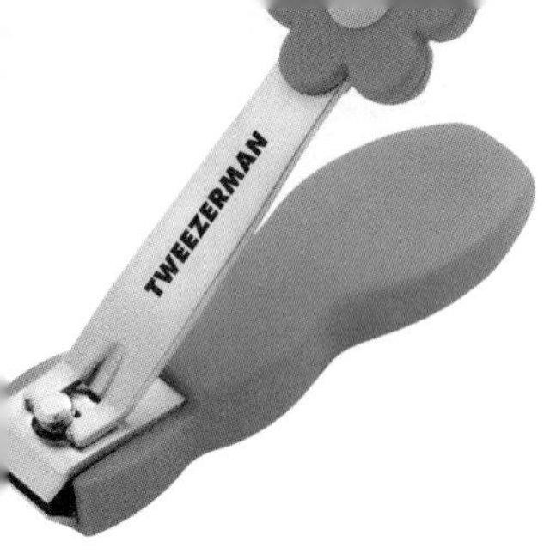

남성들이 가장 관심을 갖는 여성의 신체 부위는 '얼굴', '가슴', '엉덩이' 등이다. 여성들에게 인기 있는 남성의 신체 부위는 어디일까?

어느 한 포털 사이트에서 실시한 조사 결과에 따르면 의외로 남성의 손과 관련된 부위에 관심을 보이는 여성들이 많았다. 자세히 살펴보면, 1위 '목소리', 2위 '손등의 혈관', 3위 '근육질 엉덩이', 4위 '굵은 손가락', 그리고 7위 '손목 뼈' 등 손과 관련된 부위가 10위 안에 세 개나 올라 있었다.

손은 그 사람을 나타내는 지표다

손은 인간이 직립 보행을 시작한 이후 가장 진화한 신체 부위다. 손은 활용범위가 폭넓을 뿐 아니라, 그 사람의 생활을 나타내는 지표가 되기도 한다. 일례를 들자면 어부의 손은 거칠고 강하며 양조장 일꾼의 손은 희고 부드럽다.

요컨대 손은 얼굴과도 같다. 삶의 방식에 따라 매우 크게 변하는 신체 부위가 바로 손이다. 그렇기 때문에 필자는 고객을 만나기 전에 손가락까지 꼼꼼하게 체크하는 것을 중요하게 생각한다.

우선 가장 먼저 손톱이 지저분하게 긴 상태는 아닌지를 체크한다. 필자의 고객 중에도 손톱을 지저분하게 기르고, 지적을 해도 좀처럼 고치지 못하는 남성들도 있다. 이런 모습은 상대에게 깔끔하지 못한 인상을 준다.

깔끔해 보이던 여성의 손톱에 매니큐어가 벗겨져 있거나 손이 거칠고 지저분하면 평소에 받았던 긍정적인 이미지가 확 바뀔 수도 있는 것과 같은 이치다.

비즈니스 현장에서는 상대의 손에 시선이 집중되는 상황이 종종 발생한다. 명함을 건넬 때, 교섭 시 자료를 건네거나 프레젠테이션을 하면서 손을 움직일 때, 생각에 잠기며 얼굴을 손으로 만질 때, 회식 자리에서 젓가락질을 할 때, 악수를 할 때 등 다양하다.

거친 남성의 손에서는 강인함이 느껴진다. 예쁘고 부드러운 남성의 손에서는 섬세함이 느껴진다. 말하자면 저마다 개성과 매력이 느껴진다. 하지만 손톱이 아무렇게나 자라 있거나 청결하지 않다면 그 사람의 생활 방식이 비즈니스에도 이어져 부정적인 영향을 미칠 수가 있다.

손톱은 일주일에 한 번씩 자르자

성인의 손톱은 하루에 0.08~0.12밀리미터씩 자란다. 즉 2주 동안 2밀리미터가 조금 못 되게 자란다. 손톱의 전체 길이가 1~1.3센티미터 정도라는 점을 감안하면 2주 정도 손톱을 자르지 않으면 지저분한 인상을 주게 된다. 그러므로 최소한 일주일에 한 번 정도는 손톱을 관리할 필요가 있다.

손톱을 자르고, 자른 끝 부위를 껄끄럽지 않게 갈아주는 정도면 충분하다. 악수를 할 때 손톱으로 상대를 찌르지 않을 정도로 관리하는 것이 비즈니스맨 손톱 관리의 기본이다.

가끔은 손톱 뿌리 부분을 깔끔하게 관리하기 위해 네일숍을 방문하는 방법도 바람직하다. 어떤 남성들은 손톱을 너무 짧게 잘라서 보는 사람의 손끝이 괜히 찌릿하게 아프게 한다. 네일숍에서 관리를 받으면 손톱 길이나 모양을 보기 좋게 유지하는 데 도움이 된다.

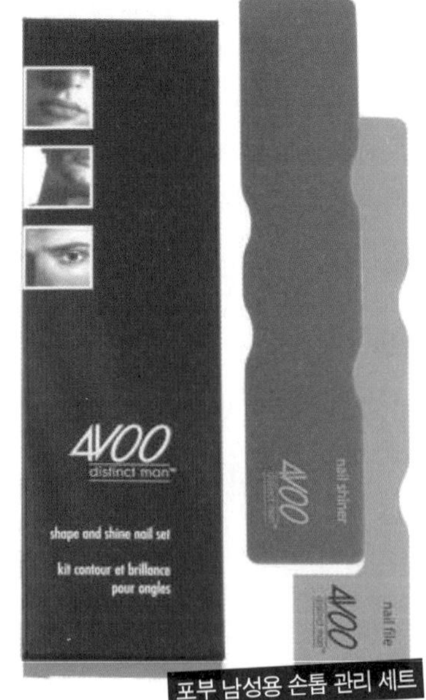

포부 남성용 손톱 관리 세트

최근 남성들의 손톱, 발톱 관리 제품 구매가 여성들보다 더 많다는 온라인 조사 결과가 나왔다. 외모를 가꾸는 남성들이 늘어나면서 매니큐어, 각질 관리 제품 등이 인기라고 한다. 네일숍에 가는 것이 부담된다면 셀프 손톱 관리 제품을 구매해서 직접 손톱을 관리하는 것도 좋은 방법이다.

회사 내 여성들은 물론, 청결을 중시하는 거래처 임원들은 여러분의 손마저 세심하게 관찰한다. 그리고 손의 상태와 그 사람의 성격이나 업무 태도 등을 관련지어 생각하기도 한다. 비즈니스맨들에게 손은 꼼꼼하게 관리해야 할 부위 가운데 하나라는 점을 잊지 말자.

37

향수에도 티피오(T.P.O)가 존재한다

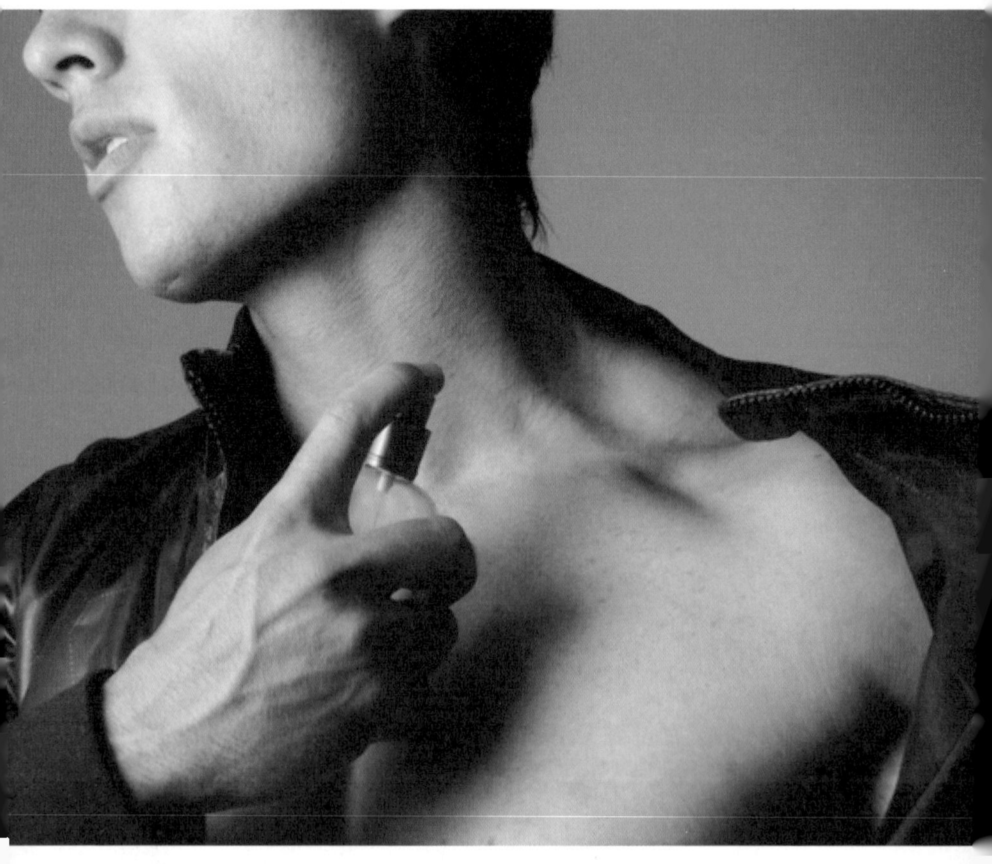

어느 날 초밥 집에 갔는데, 어디에선가 코를 찌르는 샤워코롱 냄새가 풍겨왔다. 주위를 살펴보니 가게로 들어선 한 남성이 냄새의 발원지였다. 어쨌든 그 냄새를 도저히 견디지 못해 결국 서둘러 그 자리를 떠났다. 가게에서 나와 생각해보니, 그 남성도 문제였지만 그런 고객이 출입하도록 허용한 초밥 집에 화가 났다.

물론 외모 관리를 위해 샤워코롱을 사용하는 것 자체는 나무랄 데 없이 훌륭하다. 하지만 사용 방법에는 각별한 주의를 기울일 필요가 있다. 특히 식사 모임에서는 지나치게 강한 향을 지닌 향수는 피하는 것이 좋다. 식사나 파티에 향이 강한 향수를 뿌리면 음식의 풍미를 제대로 느끼기 어려울 뿐만 아니라 다른 사람에게 방해될 수 있다. 초밥과 같은 섬세한 음식을 먹을 때는 더더욱 주의해야 한다.

사람의 감정을 자극하는 무형물, 향기

진한 향기와는 반대의 문제로, 몸가짐을 가꾸는 데 서툴러서 악취를 풍기는 사람들도 있다. 혹시 체취나 구취 때문에 상사가 하는 말이 제대로 귀에 들어오지 않았던 경험이 있지 않은가?

40대가 넘으면 노네랄Nonenal이라는 체내 물질로 인해 흔히 노인 냄새라고 하는 체취가 나는 사람이 많다. 특히 남성에게 강하게 나타나는 냄새라서 남성끼리는 그다지 민감하게 느껴지지 않을 수도 있지만 여성들에게는 거북하게 느껴진다.

오감 가운데 하나인 후각은 시각, 청각, 미각, 촉각과 달리 뇌에 전달되는 경로가 다르다. 코를 통해 수용된 냄새에 관한 정보는 대뇌피질(대뇌의 가장 표면)에 전달되며 여기에서 냄새를 지각하고 어떤 냄새인지를 판단한다. 대뇌피질을 구성하는 기관 중 하나인 대뇌변연계는 식욕이나 성욕 등 본능과 희로애락 같은 정서적인 행동을 지배한다.

후각은 대뇌변연계와 직접 연결되어 있기 때문에 시각이나 청각 같은 다른 감각과는 달리 훨씬 원초적이고 본능적인 감각이다. 특정 냄새에서 옛 애인과의 추억을 떠올리는 여성들도 많다. 비단 여성이 아니더라도 냄새는 모든 감정을 끓어오르게 하는 방아쇠가 될 수도 있다.

보통 좋다고 판단되는 냄새에 대해서는 감정적으로도 좋은 반응이 나타난다. 싫은 냄새를 맡았을 때는 싫은 감정이 느껴진다. 몸에서 발산하는 냄새로 인해 어떤 사람에게 싫은 감정을 느끼는 것도 이와 같은 이유 때문이다. 향기롭지 못한 냄새가 나는 사람이라는 인식이 굳어져버리면, 대화를 시작하기 전부터 그 사람에 대한 편견이 생길 수도 있다. 비즈니스맨이 향기에 신경을 써야 되는 이유가 이해되는가?

악취는 타인에게 비호의적인 정보를 전달한다.

그렇다면 향기는 어떻게 관리해야 할까?

우선 몸을 청결하게 관리해야 한다. 본인이 체취가 강한 편이라고 생각된다면 아침에 반드시 샤워를 하자. 속옷을 매일 갈아입어야 한다는 기본적인 사항은 말할 필요도 없다. 슈트는 최소한 세 벌, 구두는 두 켤레 정도 구비해두고 매일 교체해야 한다.

매일 세탁하기는 어렵더라도 탈취제를 뿌려서 만 하루 동안 바람이 잘 통하는 곳에 걸어두면 옷과 구두에 밴 체취를 제거할 수가 있다.

자신의 이미지에 맞는 향수를 선택할 것

마흔이 넘으면 향수를 적절하게 이용할 줄도 알아야 한다.

"이제 와서 향수를 쓰기는 좀 쑥스러워요!", "너무 멋내는 것처럼 보이지는 않을까요?"라며 걱정하는 사람들도 있다. 하지만 사용법에 신경을 쓰고, 아주 약한 향이 날 정도로만 뿌리면 된다. 좋은 향기를 싫어할 사람은 거의 없다.

아침에 샤워를 한 직후 가슴 옆쪽으로 향수를 살짝 한 번 뿌려주는 정도로 충분하다. 그러면 체액과 함께 향이 발산되기 시작해서, 회사에 도착했을 때쯤에는 셔츠 틈새로 미세한 향을 풍기면서 상대에게 상큼한 인상을 줄 수가 있다. 물론 향수를 지나치게 사용하는 것은 금물이다. 향수를 뿌리는 데 익숙해지면 본인은 점점 그 향기를 느끼지 못하게 된다. 그 결과 지나치게 많은 양을 사용하게 되고, 주위 사람들을 괴롭게 만들 수도 있다. 이런 상황은 남성이나 여성 모두에게 나타날 수 있으므로 주의를 기울여야 한다.

향은 감정과 본능에 직접적으로 영향을 미치는 요소다. 또한 향으로 인해 자신의 인상이 타인에게 강하게 새겨질 수도 있다. 따라서 적절한 향을 선택하는 과정은, 본인에게 적합한 프레젠테이션 방법을 모색하는 것과 비슷할 만큼 중요하다.

자신의 인상, 내면의 특성, 세일즈 포인트나 기호 등을 스스로 분석한 뒤, '상큼하다', '활기차다', '시원시원하다', '세련되다', '활동적이다'라는 식으로 특징을 결정하고 향수 가게로 가보자. 이것이 새로운 자신을 발견하는 계기로 이어질지도 모른다.

| 플로럴 |

부드러운 꽃향기가 나는 향기. 향이 은은해서 레스토랑 등에 어울린다.

| 그린 |

가볍고 상쾌한 풀이나 숲 향기. 차분하고 시원한 인상을 만들어준다. 캐주얼한 데이트 장소에 어울린다.

| 시트러스 |

레몬, 오렌지, 감귤 등의 상큼한 과일향. 휘발성이 강해 빨리 퍼지는 특징이 있다. 아웃도어용으로 적합하다.

| 아로마틱 |

은은한 바질 허브를 원료로 한 향수로 비즈니스 미팅이나 데이트 장소에 어울린다.

| 오리엔탈 |

동양적인 느낌의 향기로 비즈니스, 아웃도어용으로 적합하다.

| 우디 |

숲의 나무 향기가 나는 세련된 향수. 비즈니스, 아웃도어, 캐주얼한 장소에 어울린다.

| 스파이시 |

향신료처럼 톡 쏘는 느낌이 강하고 도전적인 향기다. 남성적이고 강한 인상을 주는 향으로 캐주얼한 데이트 장소에 어울린다.

Part 4. **Get It Attitude**

말보다 먼저 살펴야 할 입가 • 말보다 강한 무언의 메신저, 눈빛 • 말로 천 냥 빚을 갚고, 미소로 만 냥 빚을 갚는다 • 남자가 가진 강력한 설득의 도구, 목소리 • 키 높이에 깔창보다 더 효과적인 '자신감' • 남자의 가치는 곧고 바른 자세에서 결정된다 • 걸음걸이가 당신의 성격을 말한다 • 무의식중에 드러나는 습관이 당신의 인상을 망칠 수 있다 • 인간관계가 술술 풀리는 술(酒)의 힘? • 출셋길을 가로막는 담배 • 표정만 바꿔도 인상이 달라진다 • 우울한 뚱보보다 유쾌한 뚱보가 더 인기 있다 • 여자와 수다를 떨 줄 아는 남자가 성공한다 • 느슨한 마음이 방만한 인상을 만든다 • 명품을 두르지 말고 명품처럼 행동하라

말보다 먼저 살펴야 할 입가

여성들이 싫어하는 남성 가운데 하나가 지저분하게 수염을 기른 남성이라고 앞에서 말했다. 이외에 여성이 싫어하는 남성 유형으로 꼽은 대표적인 예가 바로 '식사하는 모습이 깔끔하지 못한 남성'이다. 음식을 씹으면서 말하는 사람, 소리 내며 먹는 사람, 음식을 흘리면서 먹는 사람 등 이렇게 구체적인 예까지 들면서 설명하는 여성들도 많다.

데이트나 비즈니스 미팅 등 사람과 사람이 만나면 보통 식사를 함께하게 된다. 이때 무심코 집에서처럼 편하게 먹다가는 낭패를 보기 쉽다. 상당히 긴장감을 유지하며 예의를 갖춰 식사를 해야 실수가 없다.

실제로 필자 주위에는 식사하는 모습이 너무 거슬려서 헤어졌다는 커플도 많다. 황혼이혼을 한 아내가 "남편의 밥 먹는 모습을 보지 않으니까 살 것 같아요!"라는 말을 할 정도다.

식사 매너만 봐도 성격을 파악할 수 있다

인간은 상호 관계를 돈독하게 하기 위해 함께 식사를 한다. 어떻게 보면 함께 식사를 하는 것은 전 세계 공통의 문화라고도 할 수 있다. 집단 속에서 먹는 행위는 개개인의 내면을 확인할 수 있는 기회가 된다. 요컨대 함께 식사를 한다는 것은 서로의 품성을 확인하는 의식과도 같다.

타인과 함께 식사를 할 때는 주의해야 할 점이 몇 가지 있다. 지저분하게 먹

식사 예절은 품격 있는 입가를 위해서 갖춰야 할 필수 매너다.

는 행동은 당연히 금물이다. 또한 한 가지 음식이 차례로 서빙 되는 코스 요리 등을 먹을 때에는 주변 사람들이 먹는 속도를 무시해서는 안 된다. 일반적으로 주빈이 먹는 속도에 맞추는 것이 예의다. 비즈니스 세계에서는 식사 예의를 지키지 않아서 거래처와의 관계가 틀어졌다는 얘기도 심심찮게 들린다.

좀 더 원시적인 관점에서 본다면 이와 같은 상황은 야생동물들의 사회에서도 마찬가지다. 포획한 사냥감을 함께 나누어 먹는 습성이 있는 동물 무리에서 만일 그들의 규칙에 위반되는 행위를 했다가는 무리에서 배척당할 수도 있다.

당신의 품성을 들여다볼 수 있는 부위, 입가

우리의 삶에서 입은 다양한 기능을 담당한다. 에너지를 공급하는 창구가 되기도 하고, 자기표현을 위한 출구가 되기도 한다. 뿐만 아니라 커뮤니케이션이라는 매우 중요한 기능도 담당한다. 눈을 통해 의사를 느끼고, 눈썹으로 감정을 파악할 수 있듯이, 입가를 보면 상대의 품성을 가늠할 수 있다.

입가가 지저분하거나, 그곳의 표정이 일그러져 있다고 생각해보자. 혹은 입을 멍하니 벌리고 있는 모습을 보면 그 사람의 품격마저 떨어져 보인다.

중견 비즈니스맨 정도 되면 일의 성과나 능력 이외에도 품격이 중요시된다. 평소 입가에 신경을 쓰지 않던 사람이 그 부위를 의식하고 조금만 관리해도 인상이 확 달라질 수 있다.

과거 필자의 상사였던 한 남성은 40대 정도의 나이에 임원으로 발탁되어 최고의 영업성과를 과시하던 실력자였다. 어느 날 회의에서 그의 훈시(訓示)를 정면에서 들을 기회가 있었다. 그런데 당당히 이야기를 하던 그의 입가에서 하얀 것이 얼핏얼핏 엿보였다. 유심히 살펴보았더니 이 사이에 무엇인가가 끼어 있었다. 그러고 보니 그는 점심에 우동을 먹었다. 설마 우동이 끼었을 리가 없다고 생각하며 몇 번이나 확인한 결과 역시 우동이었다. 이쯤 되면 품격이 문제가 아니라 다른 사람들의 웃음거리가 될 수도 있는 상황이다.

그 회사는 여성 직원이 임원인 거래처가 많았기 때문에 청결이 중요한 업무 요건 중의 하나였다. 하물며 임원은 회사의 얼굴이다. 그런 인물이 이에 이물질이 낀 상태로 훈시를 한다는 것은 용납할 수 없는 일이다. 사실 회사의 임원이 아니더라도 식사 후 거울을 보고 몸가짐을 가다듬는 노력은 누

기분 좋은 대화를 원한다면 먼저 입을 청결하게 관리해야 한다.

구에게나 필요하다. 미래를 짊어지고 나갈 비즈니스맨이라면 입가와 같이 세심한 부분까지 의식하고 관리하는 자세를 갖추어야 한다.

업무 관계에서의 식사 예절

1. 식사할 곳에 미리 예약을 해둔다.
2. 상대방과 장소를 고려해서 복장을 갖춘다.
3. 식사와 대화에 집중할 수 있도록 휴대폰은 꺼두거나 진동으로 돌려 놓는다.
4. 상대방의 음식 먹는 속도에 맞춰서 식사한다.
5. 시계를 자주 봐서 빨리 일어나야 하는 것 같은 인상을 주지 않는다.
6. 식사비용은 초대한 사람이 지불하며, 상대방이 눈치채지 못하도록 미리 계산한다.

일반적인 식사 예절

1. 상석은 손윗사람에게 양보한다. 문에서 멀수록 상석이다.
2. 손윗사람이 식사를 시작할 때까지 수저를 들지 않는다.
3. 말을 할 때는 입안의 음식물을 삼킨 다음 말한다.
4. 식사 중에는 되도록 자리를 비우지 않는다.
5. 양손보다는 한 손으로 식사한다. 숟가락과 젓가락은 한꺼번에 쥐지 않는다.
6. 식탁 위에 팔꿈치를 올리거나 다리를 꼬지 않고 바른 자세로 앉아서 식사한다.

39

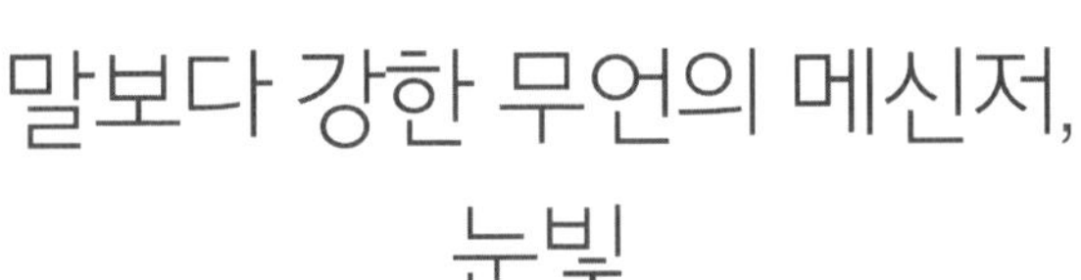

말보다 강한 무언의 메신저, 눈빛

사람은 타인을 처음 만났을 때 상대의 신체 부위 중 어느 부분을 가장 먼저 쳐다볼까? 한 설문 조사 결과에 따르면 약 80퍼센트가 얼굴 혹은 얼굴의 눈, 코, 입 가운데 한곳을 본다고 한다. 특히 그중에서도 '눈'이라는 대답이 과반수를 차지했다.

'눈은 의사(意思)를 표현하고, 눈썹은 감정을 표현한다'는 말이 있다. 커뮤니케이션에서 상대와 눈을 마주하는 행위에는 깊은 의미가 있다. 거짓말을 하는 아이에게 엄마는 "엄마 눈을 보고 말해!"라는 말을 곧잘 한다. 드라마에서도 외도한 남편을 질책하는 부인이 "당신! 내 눈을 보고 말해!"라는 대사를 하기도 한다. 상대와 눈을 맞추는 행위는 그 사람의 말이 진실임을 확인할 수 있는 중요한 커뮤니케이션 수단 가운데 하나다.

사랑의 호르몬을 솟구치게 하는 눈맞춤

서양에서 눈과 눈을 맞추는 행위는 중요한 사교술 중 하나다. 악수나 건배 혹은 포옹을 할 때 눈을 맞춤으로써 같은 편이라는 사실을 서로 확인한다.

동양 남성들은 서양 남성들에 비해 수줍음이 많다. 그 때문에 여성의 눈을 바라보며 대화하는 데 서툰 사람이 많다. 필자는 결혼 문제로 필자의 스튜디오에 찾아오는 남성들에게 상대와 눈을 맞추는 행동의 중요성을 설명하고 그것을 확실히 습관화하도록 조언한다.

이성간의 눈맞춤은 입맞춤만큼의 설렘을 동반한다.

눈맞춤의 중요성은 한 실험 결과를 통해서도 나타난다. 1989년, 미국의 심리학자 캘러먼과 루이스가 낭만적인 실험을 했다. 생면부지의 남녀 48명을 모집해서 한 그룹에게는 특별한 지시 없이, 또 다른 그룹에게는 2분간 상대의 '눈'을 바라보게 했다. 2분이 지나자 특별한 지시가 없었던 그룹에 비해 상대의 '눈'을 바라보았던 그룹은 서로에 대한 호감도가 상승한 것을 확인할 수 있었다.

건배나 악수를 청할 땐 상대방의 눈을 바라보는 것이 기본 매너!

상대방에게 머리를 숙여 인사하는 습관이 있는 동양인들은 눈과 눈을 맞출 순간을 포착하기가 어려운 듯하다. 우리나라 비즈니스맨들은 서양 비즈니스맨과 악수, 건배 등을 할 때 동시에 고개를 숙이다 보니 눈을 맞추지 못하는 상황이 자주 발생한다.

건배를 할 때는 상대방의 눈을 마주하는 것이 예의다.

예전에 필자 역시 한 파티에 참석해서 건배를 할 때 잔 안의 내용물을 흘리지 않을까 걱정이 되어 잔만 뚫어지게 쳐다본 적이 있었다. 상대는 눈을 맞추지 않고 건배하는 필자에게 "당신에게는 술이 최대 관심사인가 봐?"라며 농담 섞인 지적을 했다.

건배와 악수를 할 때 눈길을 주고받는 행위는 상호 작용의 핵심이라고 할 수 있다. 웃음 띤 얼굴로 옆 사람이나 좌중의 눈과 얼굴을 바라보는 유연한 매너를 갖추도록 하자.

혀만큼이나 많은 말을 하는 눈

언제부터인가 일본 사회에서 '파워 해러스먼트'Power harassment라는 신조어가 생겨났다고 한다. 이 말은 상사가 자신의 직위power를 이용해 부하 직원을 괴롭힌다harassment는 뜻이다. 우리나라에서도 직장 내 괴롭힘 같은 문제가 심심찮게 들려오고는 한다. 그런데 특별한 악의는 없었지만 커뮤니케이션이 원활하게 이루어지지 않아 그것이 문제로 불거지도 한다. 부하 직원들은 상사가 한 말의 내용 자체보다는 어조나 표정, 태도 등을 직장 내 괴롭힘으로 받아들이는 경우도 많았다. 눈을 바라보지 않고 대답하는 상사에게 무시를 당했다고 생각하거나, 눈에 너무 힘이 들어가서 위압적으로 느끼는 사례가 대표적인 예다.

영화나 드라마에 출연하는 배우들을 살펴보면 연기를 할 때 말 대신 눈빛으로 의사를 전달하는 경우가 있다. 비언어, 즉 언어 이외의 정보 가운데 특히 눈의 표정은 상대에게 수많은 정보를 전달한다는 점을 반드시 기억해 두어야 한다.

이를 반대로 생각해보면 상대의 눈을 보면 많은 정보를 파악할 수가 있다. 질책을 받을 때 부하 직원의 눈이 좌우로 움직이고 있다면 열심히 변명거리를 궁리하고 있다고 받아들여도 좋다. 이러한 경우에는 질책을 계속해도 그 내용이 제대로 전달되지 않으므로 차라리 상대의 생각을 말하도록 시켜보는 방법이 현명하다.

또한 상사의 눈을 뚫어질 듯 바라보며 미동도 하지 않고 질책을 듣고 있다면, 그 부하 직원의 머릿속은 새하얀 상태일 수도 있다. 질책을 받고 있다는 사실은 알겠지만 무슨 소리를 들었는지 전혀 기억에 남지 않았다고 보아도 좋다.

덧붙여 머리를 숙이고 질책하는 사람의 눈을 힐끔힐끔 쳐다보는 상태라면 어리광 혹은 반항심이 생긴 상태 둘 중 하나다. 일반적으로 눈을 치켜뜨

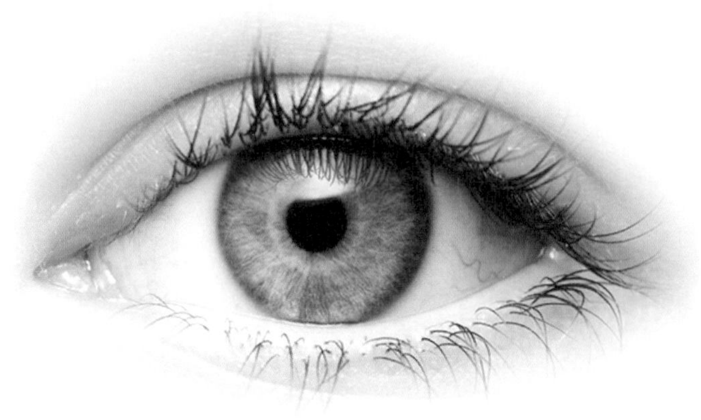

미국의 철학자이자 시인이었던 랄프 왈도 에머슨은 "사람의 눈은 혀만큼이나 많은 말을 한다. 게다가 눈으로 하는 말은, 사전 없이도 전 세계 누구나 이해할 수 있다"라고 말했다. 사회적 상호 작용의 시작은 바로 이 '눈맞춤'에서부터 시작한다.

고 보는 표정이라고 생각하면 된다.

인간의 눈은 입보다 많은 정보를 상대에게 전달한다. 미래의 리더를 꿈꾼다면 자신의 눈의 표정을 항상 객관적으로 파악하고, 상대의 눈이 무엇을 말하는지를 파악할 줄 아는 능력을 반드시 갖추어야 한다.

40

말로 천 냥 빚을 갚고,
미소로 만 냥 빚을 갚는다

젓가락을 입에 물고 미소 짓는 연습을 해본 적이 있는가? 이와 같은 방법으로 표정 연습을 하는 사람들이 많을 것이다. 하지만 그 모습을 보고 있으면 어딘지 거북하다. 실제로 거울 앞에서 직접 테스트를 해보면 그 모습이 얼마나 어색한지 쉽게 알 수 있다. 얼굴 옆쪽으로 힘이 몰리고 동시에 눈초리도 옆으로 쭉 올라가 보인다. 젓가락을 아주 살짝 앞니로 문 상태가 아니라면 평범한 미소와는 확연히 다른 모습이 된다.

실제로 행복해서 웃는 것인지, 인위적인 웃음인지에 따라서 얼굴 표정이 다르다. 진정한 미소는 입 주위의 근육들이 미소를 만들어낼 때 눈 주위 근육들도 같이 수축하기 때문에 눈 주위에 주름이 잡힌다. 하지만 인위적인 미소로는 눈 주위의 근육을 움직이기가 어렵다. 직장 생활을 하다 보면 억지 웃음이라도 지어야 하는 상황이 종종 발생한다. 이번 장에서는 필자만의 자연스러운 미소 연출법을 공개해보겠다.

미소를 지을 때 입가뿐 아니라 눈 주변도 신경 써야 자연스러운 미소를 연출할 수 있다.

자연스런 미소를 이끌어내는 비결, '진심'을 담는다

필자의 고객 중에는 회사 안내 책자나 홈페이지에 올릴 기업 경영자의 프로필 사진을 의뢰해 오는 고객이 종종 있다. 그런데 기업 경영자의 자연스럽게 미소 짓는 모습을 사진에 담아내기란 여간 까다로운 일이 아니다. 기업 경영자들은 대부분 업무 스트레스를 매우 많이 받기 때문인지 표정이 딱딱하다. 그런 사람들이 카메라 앞에서 멋진 미소를 짓기란 무리일 수밖에 없다. 물론 의뢰를 받은 이상 결과물을 만들어내야 하는 것이 프로의 세계이므로 어떻게든 미소를 끌어내는 비결은 있다. 자연스런 미소를 이끌어내는 필자만의 비법을 소개하겠다.

이 책에서는 시내의 어느 레스토랑에서 근무하는, 인상이 우락부락한 셰프에 관한 이야기를 몇 번 소개했다. 일전에 이 셰프가 손님들이 자신의 인상 때문에 놀라서 도망간다며 고민을 상담해온 적이 있었다. 그러면서 손님 앞에서 지어 보이는 미소를 필자에게 보여줬다. 무시무시해 보이는 인상의 소유자가 무리해서 미소를 지으니 인상이 더 험악해 보였다.

무시무시한 인상이 아니더라도 진심으로 기쁘거나 즐겁지도 않으면서 억지로 웃는다면, 멋진 미소를 짓기 어렵다. 입꼬리는 웃을 때처럼 올라가 있지만 눈매는 딱딱하게 굳어 있는 패스트푸드점의 점원을 몇 번인가 본 적이 있다. 웃고 있지만 왠지 어색한 그런 얼굴이었다.

자연스런 미소의 비결은 바로 '진심'을 담는 것이다. 그 방법은 어렵지 않다. 미소를 지을 때 평소 자신이 좋아하는 무언가를 떠올려 보자. 예컨대 필자의 사진 중 제일 잘 찍힌 사진은 대부분 술을 마시면서 찍은 것이다. 술을 마실 때가 행복을 느끼는 시간이므로 만면에 웃음이 가득했다.

자신이 평소에 좋아하는 것을 떠올리면 자연스러운 미소를 짓기가 쉽다.

최고의 미소를 끌어내는 '상상력'의 힘

이미지 컨설팅을 받으러 어느 커플 고객들이 찾아온 적이 있다. 남자 친구를 멋지게 변신시키고 싶은 여성 고객은 애정이 넘치는 표정으로 그가 변화해 가는 과정을 지켜보았다. 그 표정에는 진심 어린 미소가 담겨 있었다. 헤어와 눈썹 손질을 마치고 깔끔한 인상으로 바뀐 모습을 사진 촬영한 뒤 작업을 종료했다. 앞에서 말한 그 비결을 이용해서 멋진 미소를 끌어냈기 때문에 두 사람 모두 만족스러워했다.

사진 촬영을 마친 뒤 여성 고객은 스마트폰 카메라로 남자 친구의 모습을 찍었다. 그런데 이때 그가 지은 미소는 앞서 필자가 촬영할 때 카메라 앞에서 지었던 미소와는 확연하게 달랐다. 어딘지 수줍어 보이지만 진심이 묻어나는 웃음이었다.

사실 어떤 비법을 써도 사랑하는 사람 앞에서 지어 보이는 미소는 이끌어 낼 수가 없다. 진정한 미소란 그 사람의 마음 깊은 곳에서부터 나오기 때문이다. 사람이 지을 수 있는 미소의 종류는 수없이 많다. 그리고 그 웃음들은 제각각 다양한 의미를 내포하고 있다. 하지만 어떤 웃음이든지 자연스럽게 연출할 수는 있어도 진심에서 우러나오는 웃음이 아니라면 그 웃음에 담겨 있는 진정한 의미를 상대에게 전달하기 어렵다.

그렇다면 이쯤에서 진정한 웃음을 이끌어낼 수 있는 또 한 가지 비법을 공개한다. 첫 데이트 다음 날, 사무실이나 출퇴근 지하철 안에서 자신도 모르게 싱글벙글했던 경험이 있을 것이다. 지난 밤 데이트했던 기억이나 그녀의 사랑스러운 모습이 떠올랐기 때문이다. 인간은 무엇인가를 상상하면 자연스럽게 표정에 변화가 생긴다. 상상력! 이것이 바로 인간으로부터 비언어적인 무엇인가를 이끌어내고 그것을 단련시킬 수 있는 중요한 수단이다.

41

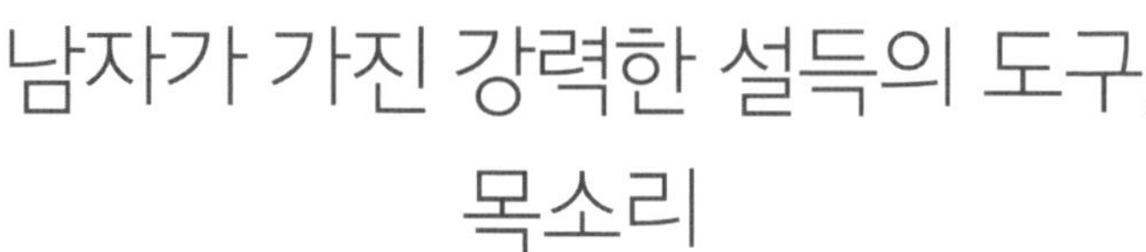

남자가 가진 강력한 설득의 도구, 목소리

시내에 있는 오래된 서양 과자점에 들어가면 언제나 기분 좋은 소리가 귀가에 울려 퍼진다. 바로 점장의 목소리다. 그 가게는 항상 손님의 행렬이 끊이지 않았기 때문에 보통 십 수 분 정도 기다려야 한다. 필자는 평소 기다려야 되는 상황을 싫어한다. 하지만 이상하게도 그 가게에서만큼은 안정된 기분으로 기다릴 수가 있다. 그 이유를 생각해보니 점장의 목소리 때문이었다.

여성이 남성의 목소리에 집착하는 이유

남성에 대한 여성의 페티시즘(이성의 몸의 일부, 옷가지, 소지품 따위에서 성적 만족을 얻는 이상 성욕의 하나)을 조사한 결과에 따르면 1위가 '목소리'였다. 여성이 남성의 목소리에 쉽게 매료된다는 이야기는 주변에서 곧잘 듣게 된다. 한 30대 지인은 전화 목소리에 끌려 한 남성을 실제로 만났다가, 보는 순간 실망했다고 한다. 하지만 자신도 모르게 그 뒤로도 몇 번인가 데이트를 계속하게 되었다고 한다.

물론 사람마다 선호하는 목소리는 다르다. 그럼에도 불구하고 대부분의 여성이 일반적으로 좋아하는 목소리와 싫어하는 목소리에는 어느 정도의 공통점이 존재하는 듯하다. 멋진 외모와 하늘이 내려준 축구 실력으로 전 세계의 사랑을 받고 있는 영국 축구선수 데이비드 베컴은 영국의 국영 BBC에서 '영국민이 불쾌해하는 목소리' 상위권에 랭크되었다. 여자처럼 가는 목소리가 그 이유로 꼽혔는데, 이를 통해 여성들은 남성의 가는 목소리를 싫어하는 것을 알 수 있다.

동물의 세계에서는 수컷이 가진 외모와 울음소리가 암컷을 유혹하는 경쟁력이 된다. 사진은 희귀 새 극락조의 구애하는 모습.

여성은 어째서 남성의 굵은 목소리에 끌리는 것일까? 지금까지 이 책을 계속 읽은 독자라면 이미 눈치챘으리라 생각한다. 그것은 앞에서 설명한 사자의 갈기와 같은 이치다. 포유류나 조류의 대부분은 수컷이 아름다운 외모와 목소리를 가지고 있다. 수컷이 소리를 내는 이유 가운데 하나는 암컷에게 구애하기 위해서다. 그리고 암컷은 수컷의 울음소리를 듣고 자손 번식을 위한 파트너를 선택한다.

울음소리는 건강 상태를 측정할 수 있는 잣대가 된다. 즉, 힘이 넘치는 울음소리를 내는 수컷은 에너지가 넘치는 상태라고 볼 수 있다. 반면 모기처럼 약한 소리를 내는 수컷이라면 외부의 적으로부터 암컷과 새끼를 보호할 수 있는 에너지가 부족하게 느껴진다.

수컷의 울음소리는 또 한 가지 기능을 한다. 원숭이는 서열 다툼 혹은 적으로부터 영역을 보호하기 위해 울음소리를 낸다. 그렇게 함으로써 불필요한 싸움을 피하면서도 상대를 굴복시키거나 위협할 수 있기 때문이다.

좋은 목소리가 좋은 인상을 만든다

동물의 세계뿐 아니라 인간 사회에서도 목소리가 가진 힘은 무시할 수 없다. 좋은 목소리를 내기 위해서는 인체가 하나의 악기처럼 기능을 해야 한다. 예를 들어 그랜드피아노와 일반 피아노는 음색이 다르다. 마찬가지로 인간의 몸도 크기나 다리와 허리의 안정감 등에 따라 다른 소리를 낸다. 샤미센(일본의 현악기 중 하나)을 어떤 가죽으로 만들었느냐에 따라 음색이 달라지듯이, 인간의 음성도 몸의 유연성에 따라 영향을 받는다.

그리고 가장 중요한 영향을 미치는 요소는 호흡이다. 깊은 호흡이 가능한 사람은 박력이 넘치는 목소리를 낸다. 게다가 단전에 기가 모여 있다면 여유롭고 안정된 목소리가 나온다. 흥분을 하면 인간의 목소리가 높아지는 이유는 기분이 고조되었기 때문이다. 즉 기가 머리 쪽으로 몰렸기 때문이다.

목소리는 몸뿐 아니라 마음의 상태에 따라 달라진다. 그리고 그 사람의 에너지를 상대에게 그대로 전달하는 비언어 정보다. 따라서 목소리 관리를 소홀히 했다가는 자신도 모르는 사이 비즈니스 현장에서 손해를 볼 수도 있다. 목소리 하나 때문에 '믿음직스럽지 못하다', '조급해 보인다', '의지가 약해 보인다'라는 식의 부정적인 평가를 받게 된다면 얼마나 억울하겠는가.

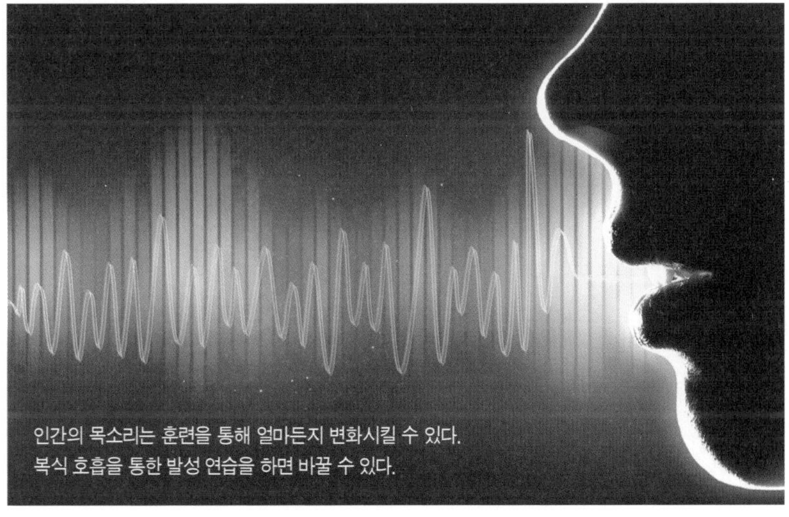

인간의 목소리는 훈련을 통해 얼마든지 변화시킬 수 있다.
복식 호흡을 통한 발성 연습을 하면 바꿀 수 있다.

좋은 목소리를 내기 위해서는 몸을 안정되고 건강하게 만들며, 기분을 관리할 줄 아는 능력이 필요하다. 목소리는 하루아침에 좋아지지 않는다. 매일 의식적으로 트레이닝을 거듭하는 방법밖에 없다.

매력적인 목소리 트레이닝

1. 복식 호흡

숨을 들이쉴 때 배를 부풀리고 숨을 뱉을 때 배를 넣는다.

2. 발성 연습

손가락 세 개가 세로로 들어갈 수 있을 만큼 입을 벌린 뒤 복식 호흡을 통해 숨을 내뱉고 아랫배에 힘을 주며 "아~" 하고 소리를 낸다. 이것을 5초간 유지하다가 순간적으로 호흡을 멈춘다. 이때 목에 힘을 줘서 숨을 멈추는 것이 아니라 아랫배에 힘을 줘서 멈춰야 한다.

3. 발음 연습

젓가락을 입에 물고 책의 한 문장 한 문장을 따라 읽자.
이때 자신의 목소리를 녹음기로 녹음해서 들어보면 더욱 효과적이다.

42

키 높이에 깔창보다
더 효과적인
'자신감'

이탈리아나 프랑스 거리에서는 정장 차림의 중년 신사들을 자주 볼 수 있다. 그중에는 배가 불룩한 신사들도 상당히 섞여 있다. 그런데 이상하게도 그들에게서는 튀어나온 배를 부끄러워하는 기색을 전혀 찾아볼 수가 없다. 오히려 몸에 꼭 맞는 옷을 입고 씩씩하게 걷는 모습이 대범하고 남자답게 느껴질 정도다.

콤플렉스일수록 당당하게 내보여라

필자의 고객들 중에도 40대에 접어들면서 배 둘레에 살이 붙기 시작한 사람들이 많다. 이 나이의 남성들은 신진대사 기능은 떨어지기 시작하지만 일은 여전히 바쁜 연령대이기 때문에 운동 부족 상태에 쉽게 빠진다.

물론 이럴 때일수록 건강을 지키기 위해 운동 습관과 식이 요법과 같은 근본적인 해결책을 세워야 한다. 하지만 건강상의 문제와는 별개로, 배가 나오면 주위 사람들에게 인기가 없다는 말은 수긍하기 어렵다.

필자의 친구 중에는 130킬로그램에 육박하는 체중을 자랑하며 해외 시장 개척 컨설팅에 매진하는 친구가 있다. 마흔을 갓 넘긴 그는 한창 활기차게 일을 하며 거대한 체구로 전 세계를 누빈다. 비행기 좌석에 앉을 수나 있을까 싶어 걱정은 되지만, 만날 때마다 그 친구로부터 활력을 얻는다. 항상 멋에도 신경을 쓰는 그의 모습은 당당하고 건강하다. 자신의 몸을 소재로 아무렇지도 않게 농담도 건넨다. 그러한 인상은 비즈니스에도 긍정적인 영향을 미치리라 생각되어 언제나 감탄하게 된다.

그는 체형 때문인지 한 번 만나면 절대로 잊을 수 없는 인상을 상대에게 심어줘서 그 존재 가치를 세계 각지에서 인정받는다고 한다. 단점이 될 수도 있는 외모를 비즈니스로 멋지게 승화시킨 좋은 예라고 할 수 있다.

스스로를 인정하지 않는 사람은 타인의 인정을 기대해서는 안 된다

그 친구처럼 배가 나오고 살이 쪘지만, 그것을 '힘, 관록, 신뢰'라는 긍정적인 이미지로 포장하는 비즈니스맨들이 많다. 그들의 공통점은 단연 '당당한 자세'다.

예를 들어 가슴을 넓게 펴면 배가 다소 나왔더라도 옷을 입었을 때 균형 있어 보인다. 특히 슈트는 어깨와 가슴 등 상체가 건장한 사람에게 잘 어울리는 옷이다. 가슴이 좁은 체형이더라도 자세가 바르면 어깨와 가슴이 넓어 보이고, 자연스럽게 배가 긴장된다. 다시 말해 전체적으로 단단한 인상을 만들 수 있다.

반대로 자세가 구부정하면 뱃살도 축 처지고, 어깨나 가슴도 움츠러들어 나태하게 보인다. 살찐 자신의 모습을 감추려고 하면 할수록 몸에 맞지 않는 옷을 선택하게 된다. 배 둘레가 극단적으로 넓은 슈트나, 배를 감추기 위한 긴 캐주얼 재킷 혹은 스웨터, 헐렁한 바지 등이 그 예다. 이런 식의 옷을 입어서 체형을 애써 감춘다고 해도 그저 '살찐 중년 남성'이라는 꼬리표를 뗄 수는 없다. 오히려 후줄근한 옷차림까지 더해져서 게으르고 운동 신경이 둔한, 심지어 무능력해 보이는 최악의 인상을 만들게 될지도 모른다.

현재 당신이 살찐 몸매라면 일단 그것을 긍정적으로 받아들일 줄 아는 자세가 가장 중요하다. 자신의 현재 모습이 부끄럽게 여겨진다면, 이제부터 철저하게 식단 관리와 운동을 통해 날씬한 몸을 되찾으면 된다.

다만 날씬한 체형을 완성할 때까지는 살찐 자신의 모습을 스스로 사랑하며, 현재의 체형에 어울리게 멋을 내자. 1분 1초가 여러분의 브랜드 가치를 결정하는 중요한 순간이다. 그 중요한 시간을 '날씬해질 때까지는 적당히 수수한 모습으로 지내도 괜찮아!'라는 식으로 생각해서는 절대로 안 된다.

옷차림으로 체형의 단점을 커버하라

앞에서 말한 체중이 130킬로그램인 지인은 현재의 아내를 만나서 행복한 결혼 생활을 영위 중이다. 만날 때마다 애정을 과시할 정도로 열애에 빠졌다. 두 사람을 볼 때마다 뚱뚱하면 인기가 없다며, 여성에게 다가서지조차 못하는 남성들이 너무나도 안타깝게 느껴진다. 마음가짐을 대범하게 하면 결국 인생을 자신의 편으로 만들 수 있다는 사실을 기억하기 바란다.

또한 옷차림을 통해 얼마든지 체형의 단점을 커버할 수 있다.

| 배가 나온 체형 |

배가 나온 체형은 단색 옷을 입으면 배가 도드라져서 더 튀어나와 보인다. 세로줄의 스트라이프 무늬가 들어간 옷을 입으면 날씬해 보인다. 재킷은 허리라인이 잡혀 있는 것을 고르는 게 좋다. 옷을 입을 때 외투나 넥타이, 머플러에 포인트를 줘서 시선을 분산시키는 방법도 좋다.

| 하체가 통통한 체형 |

하체에 살이 몰린 체형은 밝은 계열의 팬츠보다는 어두운 팬츠를 입는 것이 좋다. 또한 너무 달라붙는 스키니 스타일은 두꺼운 다리를 더욱 부각시키기 때문에 적당한 통의 일자바지가 좋다.

| 키가 작은 체형 |

작은 키를 커버하기 위해서는 상의를 자신의 체형에 딱 맞게 입어야 한다. 상의를 크게 입으면 키가 더 작아 보인다. 신발은 바지 색과 똑같이 매치하면 다리가 연장된 듯한 착시 효과를 불러일으켜서 키가 커 보인다.

43

남자의 가치는 곧고 바른 자세에서 결정된다

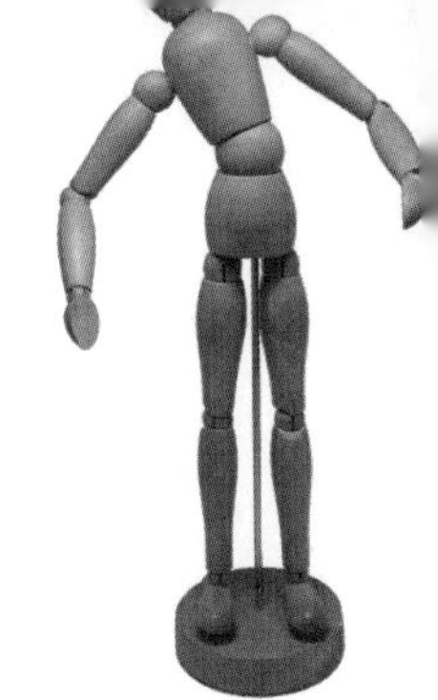

첫인상을 결정하는 중요한 포인트 가운데 하나는 단언컨대 '자세'다. 필자는 '값싼 슈트를 비싸 보이게 하는 자세와 걸음걸이'라는 주제로 강연을 한 적도 있다. 다소 과장일 수도 있으나 이것은 의심할 여지없는 사실이다. 백만 원짜리 슈트를 입었어도 자세에 따라서는 백만 원을 낭비하는 결과를 낳을 수도 있다.

신기하게도 자세와 표정은 서로 밀접한 관계가 있다. 등이 굽고 어깨가 구부정한 자세일 때 인간의 이목구비 역시 가운데로 쏠리는 경향이 나타난다. 그 때문에 어쩐지 쓸쓸하고 위축된 듯한 인상을 남긴다.

우리는 기쁠 때 가슴은 활짝 편 상태에서 양손을 벌리고 얼굴 표정도 바깥쪽을 향한다. 반대로 침울할 때에는 어깨는 안쪽으로 구부리며 얼굴 표정도 안쪽으로 쏠리면서 아래로 축 늘어진다. 다시 말해 몸의 움직임과 얼굴 표정이 연동되어 움직인다. 그 이유는 우리의 몸과 얼굴은 모두 뇌의 지배를 받기 때문이다.

바른 자세가 건강한 몸을 만든다

자세를 바르게 하면 그에 따라 마음도 자연스럽게 밝고 건강해지며 얼굴 표정도 환해진다. 나아가 내장 기관들도 편안해져 건강한 상태가 된다.

검도를 배우는 사람은 대부분 자세가 곧고 아름답다. 검도를 할 때는 하

사람의 몸과 얼굴은 긴밀히 연결되어 있어서 우울할 땐 자세도 굽어지고 표정도 찌푸려진다. 반면 기쁠 때는 표정도 자세도 활짝 열린다.

반신 쪽, 즉 발은 땅에 대고 상반신은 편안한 자세를 유지하게 된다. 그 상태에서 마치 정수리를 누군가 위에서 잡아당기고 있다는 느낌으로 바르게 서는 자세가 검도의 기본자세다. 이때 배꼽 아래 단전에는 기를 집중하고 괄약근 쪽에는 힘을 주는 것이 포인트다. 검도는 상대를 공격할 뿐 아니라 상대의 공격을 잘 막아내는 것도 중요하다. 이때 단전을 중심으로 바른 자세를 유지해야 훌륭한 공격과 수비가 가능하다.

검도 8단인 한 고객의 말에 따르면, 검도 선수들끼리는 서로 마주 선 순간 어느 쪽의 기량이 더 우세한지를 보통 한눈에 알아볼 수 있다고 한다. 그 판단에는 자세가 커다란 영향을 미친다.

검도는 신체 단련과 동시에 곧고 바른 자세를 만들어주는 운동이다.

비즈니스 승부도 자세로 판가름한다!

비즈니스 세계에서 승부란 판매 성과나 결과 등을 말한다. 상대의 태도만 보아도 승부의 결과를 가늠할 수 있다는 점은 비즈니스 세계도 검도와 똑같다.

여러분이 면접관이라고 가정해보자. 똑같은 경력을 갖춘 사람이라면 자세가 바르고 아름다운 사람과 그렇지 않은 사람 가운데 어느 쪽을 선택하겠는가? 전자는 밝고 당당한 사람이라는 인상을 줄 것이다. 후자는 어쩐지 위축되어 보이고 자신감이 없어 보인다. 이렇듯 바른 자세는 몸을 건강하게 만들어줄 뿐 아니라 좋은 인상을 연출해준다.

또한 자세는 호흡도 원활하게 만들어주는 작용을 한다. 호흡이 매끄러워지면 발성도 훨씬 수월해진다. 비즈니스에서 목소리는 최강의 무기다. 프레젠테이션이나 상담 등을 할 때 상대에게 잘 전달되도록 분명한 목소리를 내는 사람이 타인의 마음을 움직일 수가 있다.

바른 자세, 안정된 표정, 배에서 나오는 당당한 목소리, 배에 힘이 들어간 여유 있는 모습은 여러분이 '특별한 사람'이라는 인상을 상대에게 전달하는 무기가 된다.

바른 자세를 유지하기 위해서는 매일 의식적으로 연습할 필요가 있다. 우선 등을 쫙 펴는 것만으로도 당당하게 보인다. 시선은 정면으로 향하고 턱은 살짝 앞으로 당긴다. 어깨는 수평으로 유지하되 가슴을 펼 때는, 너무 뒤로 젖히지 않도록 주의한다. 배는 가볍게 집어넣고 엉덩이는 약간 조여서 긴장감을 준다. 무릎은 양쪽 무릎 안쪽이 가볍게 붙을 것 같다는 느낌으로 편다. 이렇게 날마다 바른 자세를 정성 들여 연습하다 보면 간단히 몸에 익힐 수 있으므로 부디 노력해보기 바란다.

걸음걸이가 당신의 성격을 말한다

G7(주요 7개국) 정상 회담 뉴스를 보다 보면, 동양권 대표들의 걸음걸이에 실망을 느낄 때가 종종 있다. G7뿐 아니라 매년 스위스에서 열리는 세계 경제 포럼에 참석한 리더들과 비교해보아도 동양인의 걸음걸이는 무엇인가 어설퍼 보인다. 어떻게 보아도 도저히 당당한 걸음걸이로는 보이지 않는다.

무엇이 문제인지 유심히 관찰한 결과 자세와 보폭이 원인이라는 것을 알 수 있었다. 걸음걸이는 자세와 달리, 객관적으로 평가하고 교정하기 위해 동영상을 촬영해서 교정할 필요가 있다. 최근에는 휴대전화 등을 이용해서 동영상을 촬영하거나 확인하기가 무척 수월해졌기 때문에 큰 어려움은 없을 것이다.

당신의 내면을 나타내는 걸음걸이

회사에서 임원직을 맡고 있는 한 지인이 있다. 그는 40대 초반으로 1년에 한두 차례 만나서 식사를 함께한다. 그런데 약속 장소로 향하는 그의 걸음걸이를 살펴보면 언제나 상체가 앞으로 기울어져 있다. 정면에서 보고 있으면 앞으로 고꾸라질 듯한 인상마저 받는다.

옆에서 보면 어떤 모습일지 호기심이 발동해서 함께 걸으며 힐끗 옆을 보았다. 역시나 하체에 비해 상체가 10센티미터 정도 앞서 나가고 있었다. 늘 그의 상체에 관심을 가지고 지켜보다가 어느 날 하체를 살펴보았다. 그랬더니 걸을 때마다 다리가 좌우로 흔들린다는 사실을 알 수 있었다. 마치 시계추가 흔들리는 모습 같았다. 만화를 보면 서두르는 사람의 모습을 나타내기 위해 다리를 여러 개 그리기도 한다. 마치 그러한 장면을 볼 때와 같은 느낌이었다.

식사를 하면서 그 점을 지적했더니 그는 이미 상사로부터 똑같은 지적을 받은 경험이 있다고 했다. 그 원인을 생각해보았더니 조급한 그의 성격 때문인 것 같다고 했다. 그리고 어떤 상황에서든 머리가 먼저 움직일 뿐, 다리는 생각만큼 빠르게 움직이지 않기 때문에 스트레스라고 덧붙였다. 그의 말을 듣고 보니 사람의 내면이 걸음걸이에도 반영될 수도 있겠다는 생각이 들었다.

걸음걸이는 자세와 마찬가지로, 아니 자세보다도 훨씬 더 정확하게 그 사람의 내면을 표출하는 것일 수도 있다. 가령 다리를 옆으로 벌리면서 걷는 사람의 동작은 자신의 영역을 지키고 싶다는 내면의 표현과도 같다. 또한 다리를 질질 끌면서 걷는 사람의 행동에는, 소극주의 혹은 풍파를 일으키지 않거나 에너지를 발산하지 않으며 살고 싶다는 바람이 숨겨져 있을 수도 있다.

그렇다면 내면을 바꾸면 걸음걸이도 바뀔까? 그렇지는 않다. 앞에서도 말했듯이 걸음걸이를 바꾸면 내면도 바꿀 수 있다는 역발상이 필요하다.

다급해 보이는 걸음걸이는 급한 성격, 불안함 등의 부정적인 인상을 타인에게 전달할 수 있다.

여유 있는 걸음걸이로 인상을 바꾸다

위에서 언급한 지인은 상반신만 목적지를 향해 빠르게 움직이고, 하반신은 그 속도를 따라가지 못한 채 헛돌고 있다는 점이 문제였다. 요컨대 하반신을 효율적으로 움직이지 못하다 보니 오히려 조급해지고, 그것이 스트레스로 이어지는 사례였다. 일이나 일상적인 행동에서도 마찬가지 상황은 얼마든지 발생할 수가 있다.

우선 머리를 똑바로 세우고 내면에 있는 기운을 단전으로 모아보자. 심호흡을 하면 기운은 단전으로 쉽게 이동한다. 그리고 천천히 숨을 내뱉으면서 머리에 몰려 있던 에너지가 배꼽 아래에 축적된다는 이미지를 떠올려보자. 눈을 감으면 더욱 효과적이다.

그런 다음 자세를 바르게 하고 명치에서부터 다리가 시작된다는 느낌을 떠올린다. 이렇게 하면 자신이 떠올린 이미지 속에서 당신은 다리가 매우 긴 사람으로 변신해 있을 것이다. 그리고 그 긴 다리로 크게 한 걸음을 내디뎌보자. 이렇게만 해도 보폭이 상당히 넓어진다. 보폭이 넓어지면 자연스럽게 움직임도 원활해진다. 결과적으로 여유 있는 걸음걸이가 완성된다.

걸음걸이는 인상 관리에 있어 중요한 포인트다. 또한 글로벌 리더십을 발휘하고 싶다면 반드시 개선해야 할 중요한 비언어적 요소라는 점도 잊지 말자.

45

무의식적인 습관이 당신의 인상을 망칠 수 있다

사람의 인상을 결정짓는 요소는 패션이나 헤어스타일뿐만이 아니다. 인간의 외면에서 보이는 모든 모습이 비언어적인 정보로 작용한다. 다시 말해 자세나 표정, 행동 등이 상대에게 엄청난 정보를 제공한다.

최근 사회 문제로 떠오른 직장 내 괴롭힘 역시, 말의 내용 그 자체보다는 상사가 말하는 방식이나 태도 등이 원인이 된다. 질책을 할 때처럼 감정을 담아 의사 전달을 하는 순간에는 언어보다 비언어적인 요소들, 즉 표정이나 목소리, 행동 등이 상대에게 더욱 큰 영향을 미친다. 언어가 10퍼센트라면 비언어적인 요소들은 무려 90퍼센트나 영향을 미친다는 주장도 있다.

당신의 인상에 악영향을 미치는 사소한 습관들

강연을 하다 보면 청중 한 사람 한 사람의 얼굴이나 태도로부터 다양한 정보를 파악할 수 있다. 어떤 기업은 대다수의 연수 참가자들이 몸을 뒤로 젖힌 상태로 자리에 앉아 강연을 들었다. 그 기업의 사원들은 다소 거칠어 보이고 강한 인상이라는 점이 특징이었다.

남성들 중에는 상대와 대화를 나눌 때 습관적으로 몸을 뒤로 젖히고 앉는 사람이 많다. 이 자세는 상대에게 거만한 사람이라는 인상과 더불어 비사교적인 정보를 제공한다. 따라서 비즈니스맨이라면 절대 취해서는 안 되는 자세 중 하나다.

예전에 필자가 다니던 직장의 어떤 상사는 말을 하기 시작하면 갑자기 다리를 떨었다. 다리를 떠는 행동은 불안하거나 안정되지 않는 내면을 표현한다. 이런 행동을 하면 대범하고 큰 인물처럼 보이지 않는다. 검도 대련을 할 때 다리를 떠는 상대에게서 어떤 인상을 받겠는가? 한눈에 보기에도 '이런 녀석쯤은 쉽게 이길 수 있겠는걸!' 하고 얕잡아 볼 것이다.

이외에도 불안한 듯 볼펜으로 책상을 두드리거나 대화 도중 내내 눈, 코, 입 등 얼굴의 특정 부위를 매만진다면 아무리 멋진 슈트를 입은 상대라도 일순간에 매력이 떨어진다.

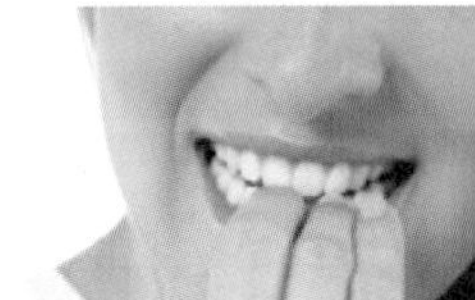

당신은 미처 인지하지 못하는 습관이 당신의 인상에 치명적인 영향을 미칠 수도 있다.

팔짱으로 나타내는 신호, '거부'

보통 마흔 정도가 되면 부하 직원이 생긴다. 매번 부하 직원이 실수할 때마다 주의를 주거나 질책을 하다 보면, 본인도 스트레스에서 벗어나기가 어렵다. 그러다 보면 실수를 자주하는 부하 직원이 보고를 하러 왔을 때, 자신도 모르게 팔짱을 끼게 되는 경우가 많다.

팔짱을 낀 자세는 인간관계를 망치는 주범이다. 비언어적 의사소통 수단인 보디랭귀지는 말 그대로 신체를 이용한 언어다. 팔짱을 낀 모습은 보디랭귀지로 해석하면 '거부'를 나타낸다.

무심코 취한 자세일 수도 있으나 팔짱을 낀 사람의 심리는 어떤 상태일까? 상대와 거리를 두고 외부의 정보를 일체 배제하며 자신의 머릿속에서 모든 문제를 정리하려는 단계라고 볼 수 있다. 팔짱을 낀 자세는 부하 직원의 말을 아예 듣지 않으려 하고 있는 것과 마찬가지다.

인간의 행동에는 심리적인 상태가 나타난다. 이 말을 다르게 해석하자면 행동을 바꾸면 심리 상태도 바뀐다. 예를 들어, 팔짱을 풀고 가슴을 활짝 펴면 자신감이 넘치고 개방적인 기분이 든다. 비단 팔짱 끼는 습관이 아니더라도, 무의식적으로 반복하는 자신의 행동 및 습관은 무엇인지 객관적으로 생각해보자. 그리고 그 행동이 비사교적인 자세라면 스스로 제어하고 개선해보자. 요컨대 행동을 바꾸면 결과적으로 자신의 마음을 조절하고 변화시킬 수가 있다.

단전에 기를 모으고 몸을 쫙 펴보자. 더불어 가슴을 활짝 펴고 어깨는 편안하게 유지한다. 이렇게 하면 갑자기 어떤 정보를 접하게 되더라도 냉정하게 그것을 받아들이고 유연하게 대처하는 데 큰 도움이 된다.

상대의 마음을 얻으려면 팔짱을 풀게 하라

사람들은 싫어하는 사물이나 사람이 나타나면 방어막을 쌓으려는 의도에서 팔짱을 끼게 된다. 회의석상에서 상대가 팔짱을 낀다면, 상대가 당신의 말에 동의하지 않는다는 뜻으로 받아들이면 된다. 또 데이트 하는 자리에서 상대방이 팔짱을 끼고 있다면, 더 이상의 진도는 포기하는 편이 좋다.

비즈니스맨들은 고객이나 상대방이 팔짱을 풀기 전까지는 본격적인 상품 소개를 하지 말라고 교육을 받는다. 팔짱을 끼고 있는 자세가 당신의 제안에 동의하지 않거나 당신의 말을 믿지 않으려는 심리가 반영된 증거라고 보기 때문이다.

팔짱을 낀 상대의 마음을 돌려놓으려면 먼저 팔짱을 풀게 만들어야 한다. 그래서 수완 좋은 비즈니스맨들은 상대가 팔짱을 끼고 있으면 안내 책자나 샘플, 가벼운 선물 등을 건네주어 상대가 그것을 받기 위해 팔짱을 풀도록 만든다.

팔짱은 마음과 마음을 가로막는 방어막과도 같다. 상대의 마음을 얻기 위해서는 팔짱을 풀게 만드는 것이 급선무다.

인간관계가 술술 풀리는 술(酒)의 힘?

술을 즐겨 마시는 사람이라면 공감이 갈 만한 이야기가 있다. 조카가 취직을 한 지 2년이 지났다. 만날 때마다 점점 더 살이 찌는 모습을 볼 때마다 필자의 신입 사원 시절이 생각난다. 무역 회사에 취직한 조카는 거래처 접대나 상사 혹은 선배와의 식사, 그리고 동료와의 술자리 등이 잦았다. 그 때문에 체중이 10킬로그램이나 늘었다며 불만을 늘어놓았다.

생각해보면 필자 역시 술이 센 편이라서 신입 사원이었던 당시, 접대 자리에 늘 불려 다녀야 했다. 게다가 야근이라도 하고 있으면 상사가 격려 차원에서 술을 사주기도 했다. 동료끼리도 술을 자주 마시다 보니 몇 개월 만에 몸무게가 6킬로그램이나 늘었던 쓰라린 기억이 떠오른다. 술 없이는 비즈니스를 논할 수 없을 정도로 술 삼매경에 빠진 30년이었다. 술 때문에 도움이 된 적도 있었고 반대로 난처했던 적도 있었다.

꼬인 대화를 술술 풀리게 만들어주는 술(酒)?

최근 부하 직원에게 술을 권하기 어렵다는 상사들이 늘어나고 있다. 하지만 사실 필자가 임원직을 맡았던 시절에도 사정은 마찬가지였다.

사람에 따라 편차가 있겠지만 대부분의 부하 직원은 업무 시간 외에 상사와 따로 시간을 보내는 것을 꺼려한다. 반면에 상사들은 커뮤니케이션을 위해 업무 이외의 자리를 만들어 부하와 상호 이해를 도모하고 싶어 한다.

알코올은 사람의 긴장을 풀어줘서 커뮤니케이션을 원활하게 만들어준다. 그러나 지나치게 과음했을 경우, 돌이킬 수 없을 정도의 말실수를 하거나 애써 쌓아온 사회적 이미지를 한순간에 무너뜨릴 수도 있다.

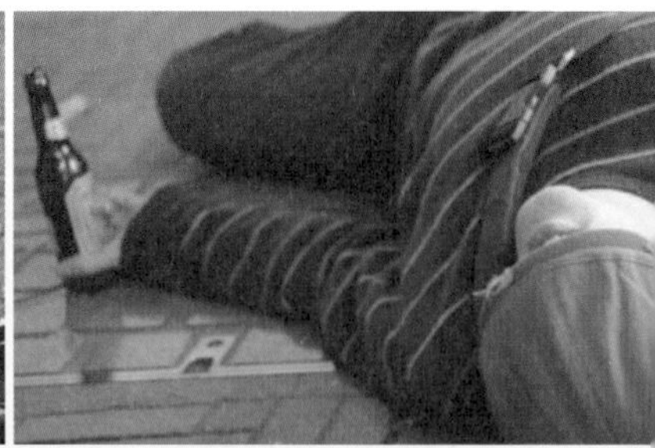

필자는 신입 사원이었던 당시 거래처 접대나 상사와 함께하는 술자리가 무척 즐거웠다. 가끔은 필자가 먼저 상사에게 술자리를 제안하기도 했다. 그럴 때마다 상사는 "더치페이야!"라며 농담을 건넸고, 필자는 "물론이죠!"라고 호기롭게 대답했다. 그런데 막상 술값을 계산하려고 지갑을 들여다보면 어쩐지 만 원밖에 없기 일쑤였다. "만 원만 내도 괜찮을까요?"라고 말하는 필자를 어이없는 표정으로 바라보면서도 상사는 번번이 술값을 내주었다. 지금도 술을 좋아하는 필자의 과거 무용담은 종종 회자되고는 한다.

어쨌든 그 결과, 상사는 필자가 술을 무척 좋아한다는 사실을 알게 되었다. 그리고 이것은 커뮤니케이션의 정보로 작용했다. 상사는 필자가 술을 좋아하고 술자리를 즐긴다는 정보를 알게 됨으로써 필자의 성격이나 행동 방식을 유추할 수 있게 되었다. 앞에서도 말한 바 있듯이 인간은 상대방이 어떤 사람인지 파악되지 않으면 본능적으로 경계심을 갖는다.

이후 상사는 중요 계약이 걸려 있는 술자리에 필자를 데리고 다녔다. 덕분에 술을 이용한 원활한 커뮤니케이션은 비즈니스 세계에서 필자의 무기가 되었다. 그때 술자리에서 쌓은 인맥 덕분에 지금의 사업도 번창했으니 술이 현재의 필자를 만들었다고 해도 과언이 아니다. 요컨대 적당한 술은 마시기에 따라 남성을 한층 더 성숙하게 만드는 계기가 된다.

자신의 기호를 남에게 강요하지 말 것

하지만 필자와 그 상사의 경우처럼 늘 술을 통해 원만한 관계를 만들 수 있는 것은 아니다. 술을 좋아하는 상사와 술을 마시지 못하는 부하 직원, 술을 마시지 못하는 상사와 술을 좋아하는 부하 직원의 조합 등 인간관계는 다양하기 때문이다.

술에는 신경을 각성시키는 효과가 있기 때문에 반드시 주의해야 한다. 그저 술이 좋아서 남보다 음주를 많이 경험해본 입장에서 말할 수 있는 사실은 '사람이 술을 마셔야지 술이 사람을 마셔서는 안 된다는 것'이다.

술을 마시고 완전히 정신을 놓아버린 비즈니스맨들을 수없이 보았다. 잔뜩 취한 상태에서 나중에 기억도 못할 말을 늘어놓고, 큰 소리로 떠들거나 심지어 난폭해지는 사람들도 있다. 차라리 술을 먹고 곯아떨어지는 유형은 귀엽지만, 어쨌든 주위에 피해를 끼치기는 마찬가지다.

그나마 20대라면 술을 먹고 이런저런 실수를 해도 젊은 혈기에 그랬다고 이해해줄 수가 있다. 하지만 마흔이 다 되어서 술에 취해 흐트러진 비즈니스맨은 차마 눈뜨고 보기 힘들다. 술기운에 평소 쌓였던 울분을 부하 직원에게 터트리는 유형은 최악이다. 이런 상사가 권하는 술자리라면 아무도 두 번 다시 응하지 않는다.

술이 커뮤니케이션을 위한 윤활유라고 착각하는 상사 역시 어쩌면 술에 지배를 받는 유형일 수도 있다. 술이 있든 없든 커뮤니케이션은 가능하다. 그런 착각을 당연하다고 여기는 상사라면 부하 직원과 마주하기 이전에 술과 진지하게 마주해볼 필요가 있다.

현명하게 회식 자리를 즐기는 법

연말이 되면 잦은 회식이나 술자리로 인해 고통 받는 직장인들이 많다. 술 마신 다음 날 숙취 등으로 업무에 지장을 받지 않으려면 간의 알코올 해독 능력을 감안하여 1일 알코올 섭취가 50g이 넘지 않도록 자제할 필요가 있다. 이는 맥주(500cc) 두 잔, 막걸리(760ml) 한 병, 소주(360ml) 3분의 2병, 위스키 세 잔에 해당하는 양이다.

또한 술은 공복 상태에서 마시면 알코올의 체내 흡수율이 높아져 빨리 취하게 된다. 빈속에 술을 마시지 않고 물을 자주 마셔주면 알코올의 흡수율이 떨어지고 포만감이 생겨 술을 덜 마시게 된다.

47

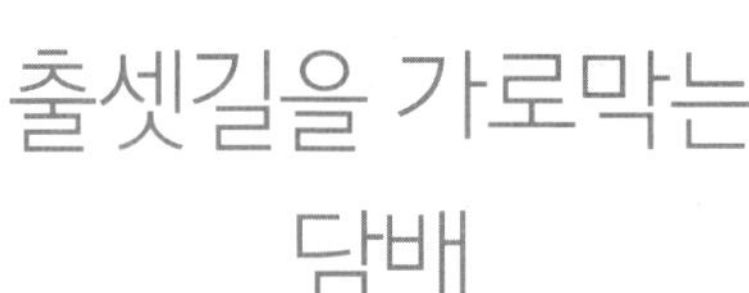

출셋길을 가로막는 담배

최근 금연 열풍이 불면서 흡연자들이 설 자리를 점점 잃고 있다. 담배를 피울 마땅한 공간이 없어서 건물 한 구석의 막힌 공간에서 흡연해야 하는 상황이 늘어났다. 심하게 표현하자면 협소한 공간에서 담배를 피우는 사람들을 마치 우리에 갇힌 동물을 구경하듯 쳐다보고 지나가는 사람들도 있다. 그런 상황이 싫어서 담배를 끊게 되었다는 지인들을 주변에서 적지 않게 찾아볼 수가 있다. 이번에서는 그럼에도 불구하도 담배를 꼭 피우고 싶다는 흡연자들에게 담배가 당신의 인상과 인간관계에 얼마나 큰 악영향을 미치는지에 대한 이야기를 하고자 한다.

담배를 왜 끊어야 하는가?

상장 기업에서 집행위원으로 발탁된 한 30대 지인은 상당한 골초였다. 담배를 하루에 다섯 갑이나 피울 정도였다. 사장에게 직접 지적을 받아도 결코 담배를 끊지 않았던 그는 그야말로 근성 있는 흡연자였다. 그런 그가 금연을 결심하게 되었는데, 그 결정적인 계기가 해외 출장에서 겪은 경험 때문이었다고 한다.

출장을 갔던 지역의 회사 부지 내에서는 완전하게 금연을 해야 했다. 때문에 그는 창고 근처에서 담배를 피웠는데, 그 모습을 본 현지 임원이 그를 창고 직원으로 착각하고 소리를 질렀던 것이다. 그로서는 상당히 굴욕을 느낄 만한 말들이 마구 쏟아졌다. 현지 임원은 그가 집행위원이라는 사실을 뒤늦게 알아차렸지만, 여전히 무시하는 듯한 시선을 거두지 않았다. 그 일을 계기로 그는 금연을 결심하게 되었다고 한다.

담배를 완전히 끊은 덕분에 치조농루(치주조직의 질환)를 발견하게 되어 완벽하게 치료도 했다. 가끔 함께 식사를 할 때면 예전에 비해 서로 담배를 신경 쓰지 않고 대화에 집중할 수 있게 되었다. 그는 이제 완벽한 금연 예찬론자가 되어 지인들에게도 금연할 것을 권한다고 한다.

최근에는 기업체에서도 사원들에게 금연할 것을 권장하고 있다. 흡연자는 구직 시 패널티를 주는 엄격한 곳도 있다고 하니 비즈니스맨이라면 자기 관리 차원에서라도 담배를 멀리하도록 하자.

당신의 인간관계를 망치는 주범, 담배 냄새

담배는 인간관계에 왜 악영향을 미칠까? 2014년 직장인 인식 조사 결과에 의하면, 직장인 열 명 중 일곱 명이 담배를 피우는 직장 동료 때문에 불편함을 느낀 적이 있는 것으로 나타났다. 가장 불편한 점으로는 '시도 때도 없이 나는 담배 냄새'를 꼽았다.

담배는 흡연자의 건강에도 심각한 악영향을 미치지만 인간관계를 망치는 주범이기도 하다.

흡연자들은 신경 쓰지 못하는 미량의 담배 냄새를 비흡연자들은 민감하게 느낀다. 필자도 과거에는 흡연을 했다. 스스로는 흡연 뒤 옷에 밴 냄새를 말끔하게 제거했다고 생각했지만, 냄새에 민감한 사장님은 필자를 마주칠 때마다 그것을 지적했다.

앞에서도 언급했듯이 후각은 본능과 밀접한 연관이 있는 대뇌변연계로 직접 전달된다. 그렇기 때문에 담배를 싫어하는 사람들은 담배 냄새에서 강한 혐오감을 느낄 수도 있다. 흡연자는 아무리 일을 잘해도 관리직에는 관심이 없는 사람으로 보일 수도 있다. 인간관계에 무신경하다는 인상을 주기 때문이다. 다행히 필자는 서른이 되었을 때 영업 책임을 담당하는 지점의 예산 달성을 기원하며 금연을 시도했던 일을 계기로 담배를 완전히 끊게 되었다. 그 덕분인지 예산 목표도 달성하고 30대 후반에 임원직에 발탁되었다. 무엇보다 건강을 얻었으므로 완벽한 금연 성공자인 셈이다.

앞에서 금연 후 치조농루를 발견한 지인에 관한 이야기를 했다. 흡연자는 비흡연자에 비해 치조농루 및 입속 질환이 발생하기 쉽다. 흡연으로 인해 잇몸의 저항력이 약해지기 때문이다.

흡연을 하면 담배 냄새를 풍기게 될 뿐 아니라 입속 질병으로 인해 입 냄새도 심해질 수 있다. 게다가 흡연자는 비흡연자보다 폐암에 걸릴 확률이 6.5배나 높으며 후두암은 5배, 췌장암은 4배로 알려져 있다. 어느덧 돌아보니 자신의 주위에 아무도 남아 있지 않고, 건강까지 잃게 되기 전에 금연에 도전해볼 것을 강력히 권한다.

앞서 말한 젊은 집행위원에 관한 에피소드에서도 알 수 있듯이 미국에서는 흡연자들에 대한 평가가 엄격하다. 뿐만 아니라 절제력 및 자기 관리 능력이 결여된 사람으로 인식되기도 한다.

유능한 비즈니스맨이 되고 싶다면, 인상 관리 이전에 자기 관리 능력을 반드시 갖추어야 함을 잊지 말자.

표정만 바꿔도 인상이 달라진다

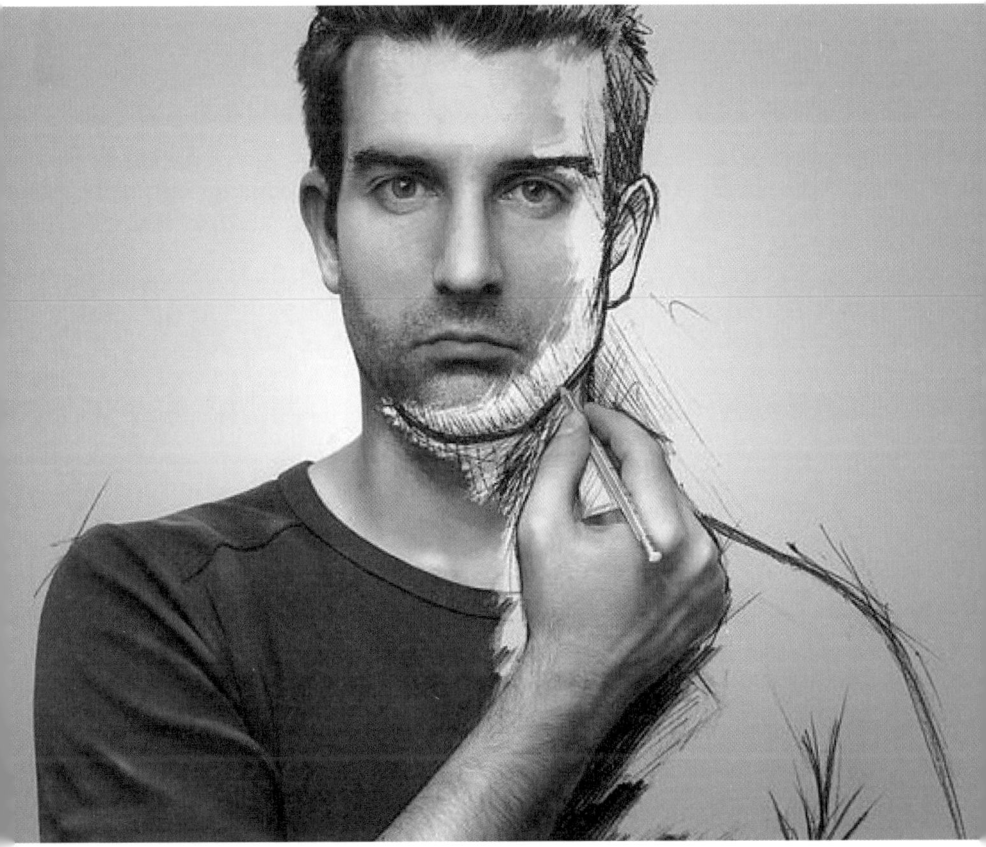

얼굴은 부모님께 물려받은 신체 일부이기 때문에 스스로 어쩔 도리가 없다! 많은 남성들이 이렇게 말한다. 특히 외모에 관심이 없는 남성들이 곧잘 하는 변명의 말이기도 하다. 하지만 과연 그렇게 단언할 수 있을까?

미국의 16대 대통령 링컨은 "마흔이 넘으면 자기 얼굴에 책임을 져야 한다"라고 말했다. 『동물농장』의 작가인 조지 오웰도 "손에 굳은살이 박이듯이 살아온 모습이 얼굴에 씌게 된다"라고 말했다. 이렇듯 내가 가진 생각이 행동을 낳고, 그 행동들이 쌓여서 나의 얼굴이 되는 것이다.

자주 짓는 표정에 따라 변하는 '후천적 얼굴'

컴퓨터그래픽으로 사람의 얼굴을 연구하던 도쿄 대학교 하루시마 히로시 교수에 따르면 사람의 얼굴은 직종에 따라 저마다 다른 특색을 띈다고 한다. 이른바 '후천적'으로 만들어지는 얼굴이다.

그의 연구 결과에 의하면 은행원들의 얼굴은 보통 좌우 대칭으로 균형이 잡혀 있다. 1원이라도 계산 착오가 있어서는 안 되며 정확하게 처리해야만 하는 일을 하면서 만들어진 얼굴이다.

또한 프로레슬러들의 얼굴은 평균적으로 눈동자가 안쪽을 향해 몰려 있고 공격적인 인상이다. 사람은 화를 낼 때 눈동자가 안쪽으로 몰린다. 싸우는 일이 직업인 그들은 화난 표정을 자주 짓기 때문에 눈동자가 가운데로 몰린 인상이 만들어진 것이다.

영업직에 종사하는 사람은 미소를 짓거나 진지한 표정으로 상품을 설명하는 일이 많기 때문에 '판매하는 얼굴'로 인상이 바뀐다.

당신이 평소에 어떤 표정을 자주 지었느냐에 따라 인상이 달라질 수 있다.

팔 굽혀 펴기를 하면 가슴과 팔이 단련되고 근육도 증가한다. 복근 운동을 하면 복근이 단련되고 늘어진 뱃살도 탄탄해진다. 얼굴 역시 지속적으로 일정한 표정을 짓는 근육이 단련되면 얼굴 생김새가 바뀐다.

은행원은 은행원답게, 프로레슬러는 프로레슬러답게, 영업 사원은 영업 사원답게 얼굴이 변한다. 요컨대 자신이 일하는 환경에 적합한 얼굴이 된다.

비즈니스맨의 얼굴은 이력서와 기획서를 겸한다

일전에 한번은 16세부터 37세까지 찍었던 반명함판 사진들을 한 페이지에 모아 담아본 적이 있었다. 그것을 본 한 고객이 자신의 사진을 가지고 와서는 똑같이 만들어 달라는 부탁을 했다. 부탁대로 작업을 해서 보여줬더니 그때그때 자신의 직업이나 환경, 심지어 마음 상태에 이르기까지 모든 것이 얼굴에 나타난다며 놀라워했다.

인간의 얼굴에 부모로부터 물려받은 선천적인 인상이 나타나는 시기는 스무 살까지다. 그 뒤부터는 자신의 삶의 방식이 얼굴에 더해진다. 그리고 나이가 들수록 자신이 만든 인상이 점점 강하게 나타난다.

예전에 어떤 광고에서 "남성의 얼굴은 이력서다!"라는 카피 문구를 본 적이 있었다. 실제로 얼굴은 자신이 어떻게 살아왔는지, 어떤 방식으로 사람들을 대해왔는지, 어떤 일과 경험을 쌓아왔는지를 나타내는 이력서와 같다. 지금과 같은 시대에는 얼굴은 이력서라기보다는 기획서에 더 가까울 것이다.

얼굴은 이력서의 역할을 함과 동시에 앞으로 어떻게 살아갈지를 나타내는 기획서의 역할을 겸한다. 이제 자신의 얼굴에 책임을 지고 인상 관리의 관점에서 부족한 점은 어떻게 보충할지 연구해보자. 그렇게 했을 때 비즈니스맨의 얼굴은 과거의 이력서를 뛰어넘어 성공을 향한 기획서로서 빛을 발할 것이다.

한 남성이 평생 동안 네 번에 걸쳐 자신의 모습을 담아낸 사진으로 인터넷에서 크게 화제가 되었다. 나이 드는 과정을 사진을 통해 기록하며 자신의 인상을 기획해보는 것은 어떨까.

49

우울한 뚱보보다 유쾌한 뚱보가 더 인기 있다

마커스 버킹엄과 도널드 O. 클리프턴이 지은 『위대한 나의 발견』은 자신의 다섯 가지 강점을 발견하고 그것을 살리기 위한 지침서다.

성공을 거머쥔 사람들의 공통점은 자신의 재능과 그것을 최대한 활용하는 방법을 잘 알고, 결점을 강점으로 바꾸었다는 점이다. 성공한 비즈니스맨들의 대부분은 결점을 고치려는 노력보다는 장점을 더욱 부각시키는 편이 비즈니스에서는 강점으로 이어진다는 사실을 알고 있다.

외면의 강점을 발견하라

그럼에도 불구하고 외모에 관해서는 이러한 법칙을 적용하려는 사람이 많지 않다. 일례로 동안인 외모로 인해 고민하는 사람들은 대부분 관록이 느껴지는 이미지를 만들기 위해 헐렁한 슈트를 입거나 헤어스타일을 스트레이트 백으로 꾸미는 등의 노력을 한다. 간혹 애써 수염을 기르는 사람도 있다. 객관적인 시각에서 보자면 안타깝기 그지없는 일이다.

한편 우락부락한 인상 때문에 고민하는 비즈니스맨이라면 분홍색이나 초록색 넥타이 등을 착용해서 부드럽고 친절한 이미지를 자아내려고 노력한다. 하지만 이렇게 해서는 얼굴과 복장이 조화를 이루지 못할 뿐 아니라 우락부락한 얼굴이 더욱 눈에 띄게 된다.

동안인 사람이 관록 있는 모습을 연출하려고 아무리 노력을 해도 본래 관록을 갖춘 사람은 이기지 못한다. 마찬가지로 얼굴이 우락부락한 사람은 아무리 애써 친절한 표정을 지어도 본래 친절한 인상인 사람과는 상대가 되지 않는다. 이상하게도 인간은 내면과 관련된 일에는 현명한 결정을 내리지만, 외면과 관련된 판단을 내릴 때에는 쉽게 함정에 빠진다.

요컨대 내면의 강점을 깨닫고 그것을 최대한 활용하기 위해 매일 노력하듯, 외모 역시 자신의 강점을 살릴 수 있는 방법을 아는 것이 중요하다.

없는 장점을 만들어내기에는 우리에게 주어진 시간이 너무도 짧다.

강점을 무기화하는 기술

동안이라면 '젊은 감성', '밝음', '솔직함', '경쾌한 발걸음', '친숙함'과 같은 이미지가 외면의 강점이다. 반면 강한 인상의 얼굴이라면 '관록', '믿음직스러움', '역동적임', '추진력', '확고함' 등이 외면의 강점이다.

바꾸어 말하자면 이것이 무기다. 동안인 얼굴에 헤어스타일을 스트레이트 백으로 한다면 '젊은 감성'이라고 하는 무기의 성능이 반감된다. 강한 인상의 얼굴에 파스텔풍의 넥타이를 한다면 '추진력'이라는 무기의 가치가 사라진다.

더욱 구체적인 예를 살펴보자. 미국에서는 뚱뚱하면 출세하기 어렵다는 말이 있다. 뚱뚱한 몸매는 자기 관리 능력이 부족하다는 증거로 여기기 때문이다. 살찐 모습에 마음이 쓰여 안절부절못하며 자신을 감추기 위해 노력할 정도라면, 차라리 온힘을 다해 날씬해지기 위해 애써야 한다.

하지만 아무리 해도 날씬해지지 못한다면 살찐 자신의 모습을 결점으로 여기기보다는 대범하고 관록 있는 모습이라고 생각하며 무기로 활용해보자. 앞에서 글로벌 컨설턴트로 활약 중인 체중이 130킬로그램에 육박하는 지인에 관한 이야기를 소개했다. 멜빵 사이로 위풍당당하게 배를 내밀고, 땀을 흘리며 약속 장소에 나타나서는 그가 늘 하는 말이 있다.

"이렇게 걷다가는 말라버리겠어!"

현재 자기 외모의 강점, 다시 말해 무기가 무엇인지 정확하게 알고 그 무기를 최대한 활용하기 위해 헤어스타일이나 복장, 자세, 말하는 태도, 행동 등을 전략적으로 디자인해야 한다. 이 점에 관하여 진지하게 연구해본 적이 없다면 지금이라도 해보자. 그렇게 하면 확실한 자기만의 무기를 갖추는 데 훨씬 도움이 될 것이다.

영화배우 잭 블랙은 미남은 아니지만 본인이 가진 코믹한 인상을 잘 살려 그만의 캐릭터성을 창조해냈다.

50

여자와 수다를 떨 줄 아는 남자가 성공한다

성공하는 비즈니스맨들의 공통점은 무엇일까? 이 질문에 대한 대답은 그 자리에서 즉시 할 수가 있다. 바로 품격 있게 놀 줄 아는 사람이다. 필자가 잘 아는 정재계 리더들은 하나같이 '놀 줄 아는 사람들'이다. 그저 노는 사람이 아니다. '품격'을 갖추고 놀 줄 아는 사람이다.

예로부터 남자의 놀이는 '여자, 술, 도박'과 관련이 깊었다. '영웅호색'(英雄好色)이라는 말이 있을 정도이니 알 만하지 않은가. 이스라엘 역사상 가장 위대한 왕이라는 다윗 왕조차 유부녀 밧세바를 취하기 위해 그녀의 남편인 대장군 우리야를 죽음의 전장으로 보냈다.

현대도 그리 다르지 않다. 미국의 정치인들 사이에서 연일 불거지는 섹스 스캔들은 남성이 호색에 취했을 때 이미지를 망친 단적인 예다.

다윗과 밧세바의 불륜 스토리를 다룬 영화(좌)와, 화가 램브란트가 그린 〈목욕하는 밧세바〉(우)

여성을 대하는 태도에서 당신의 인간성이 나타난다

남성에게 여성은 '어머니'와 같은 존재다. 인생의 파트너인 아내를 포함하여 동료와 부하 직원 등 여러분의 주위를 둘러싼 여성들이 많을 것이다. 부정하고 싶을 수도 있겠지만 여성에게 둘러싸이지 않는 인생은 있을 수 없다. 여성을 어떻게 대하는지에 따라 남성의 인생은 크게 달라진다. 마흔이 넘으면 그러한 사실을 더욱 깊이 실감할 수가 있다.

필자가 존경하는 어느 대선배는 가치가 수조 원에 이르는 기업을 이끌고 있다. 어느 바에서 우연히 옆자리에 앉았던 그는 바의 마담과 함께 가벼운 대화를 홍겹게 나누고 있었다. 처음에는 설마 선배이리라고 꿈에도 생각하지 못했다. 그런데 어디서 만난 적이 있지 않은지 이야기를 나누다 보니 고등학교 선배인 것이 밝혀졌다. 그날은 내내 유쾌하게 이야기를 나눈 즐거운 밤이었다.

그 만남을 계기로 선배와 종종 식사를 함께했다. 그를 만날 때마다 '품격 있게 놀 줄 아는 사람'이란 이런 사람이구나 싶은 생각이 들었다. 그는 술에 취한 상태일 때도 절대 도를 넘어서는 법이 없었다. 흔히 다른 남성들이 술에 취할 때면 여성들에게 하는 치근덕거리는 태도는커녕, 술자리의 신사라고 불릴 만큼 훌륭한 매너를 갖췄다.

'품격 있게 놀 줄 아는' 대선배가 대표 임원직에서 퇴임할 때 직원들을 식사에 초대했는데, 초대 받은 사람 전원이 참석해서 정말로 기뻤다고 한다.

그의 말에 따르면 '여성이든 남성이든 부하 직원을 대할 때에는 최고의 기분으로 대하는 것이 원칙!'이라고 한다. 이러한 자세로 자신들을 엄격하면서도 친절하게 대해주는 상사인 그에게 부하 직원들은 진심으로 존경을 표

시했으리라 생각된다.

덧붙여 그는 '여성과 좋은 관계를 유지할수록 유리하다. 단, 적당한 거리감만 유지한다면!'이라고 덧붙였다. 성공한 남성들은 마흔 정도가 되면 결혼 유무와 상관없이 주변 여성들의 선망의 대상이 된다. 그렇기 때문에 항상 거리감을 지키며 여성과 적당한 관계를 유지하는 것이 중요하다. 상대 여성과 사적으로 아는 사이든, 업무상 아는 사이든 적절한 관계 유지에 실패를 했다가는 그때까지 쌓아왔던 공든 탑이 한 번에 무너질 수도 있다.

여성들 사이에서 비호감이 되지 않는 행동 법칙!

여성들의 세계에서는 입소문이 빠르게 돈다. 때문에 당신이 회사에서의 평판을 신경 써야 하는 입장이라면 여직원들의 평가 레이더망에서 절대 자유로울 수 없다. 모르면 가만히라도 있어야 중간은 간다고 했던가. 인기남이 될 수 없다면 기본만이라도 지켜서 적어도 비호감은 되지 말자. 여직원들의 험담 대상이 되지 않는 방법은 의외로 간단하다.

첫 번째, 평등하게 대할 것. A직원은 예쁘고 B직원은 못생겼다고 차별적으로 대한다면 부서 내 여직원들을 모두 적으로 돌리는 것임을 명심하라. 여자들은 외모와 관련된 일에 당신이 상상하는 것 이상으로 훨씬 민감하다.

두 번째, 청결을 철저히 신경 쓸 것. 식사를 하고 난 뒤 여직원과 대화할 일이 있다면 양치질을 꼭 하기 바란다. 부득이한 경우일지라도 이물질이 끼어 있지는 않은지 정도는 센스 있게 체크하자. 여자는 불결한 남자를 치한

만큼이나 혐오한다.

마지막으로 세 번째, 술자리를 강요하지 말 것. 이것은 여직원뿐 아니라 남직원에게도 해서는 안 되는 행위다. 부인과 싸워서 집에 들어가기 싫든, 아이가 아빠 취급을 안 해 줘서 속이 상하든 그건 당신의 문제다. 절대로 부하 직원을 당신의 술친구로 여겨서는 안 된다. 업무 연장선상의 회식자리가 아니라면 하소연은 친구들과의 술자리에서 하자.

느슨한 마음이
방만한 인상을 낳는다

외근이 잦은 영업직에 종사하는 비즈니스맨과 달리, 사무직 비즈니스맨들은 상대적으로 복장에 신경을 쓰지 않는 경우가 많다. 신입 때는 직장 상사에게 흠이라도 잡힐세라 칼처럼 다려 입던 슈트도 어느덧 3년 차, 5년 차가 지나면 긴장이 풀리면서 자연스럽게 느슨해진다. 헐렁한 넥타이에서부터 언제 빨았는지조차 모를 꾀죄죄한 셔츠까지. 업무 경력과 패션 센스는 반비례하기라도 하는 걸까?

느슨한 복장은 느슨한 마음을 만든다

이와 관련해서 한 지인의 에피소드를 들려주겠다. 전 직장에서 임원으로 재직하던 A씨는 그 직위에 걸맞게 외모에 신경을 쓰고 돈도 상당히 투자해왔다. 외모와 더불어 내면에도 좀 더 신경을 써야겠다는 생각이 들어, 대학원에 진학하여 MBA과정을 듣기도 했다. 그렇게 내면과 외면을 치열하게 갈고닦으며 정진한 결과, 시장을 보는 눈이 생겨 서른여덟 살에는 개인 회사를 창업하게 되었다.

A씨는 임원직에서 물러난 뒤 알게 된 한 여성을 어시스턴트로 두고, 날마다 새로운 회사를 위한 기획과 영업 준비에 매진했다. 그러던 어느 날 문득 티셔츠와 운동화 차림으로 회사 주변을 활보하는 자신을 발견했다.

밤늦게까지 사무실에서만 일하고, 본격적으로 영업을 시작할 때까지 아무도 만나지 않는 날이 많았기 때문이었다. 대학 졸업 이후, 이렇게까지 엉망인 스타일로 지냈던 시기가 없을 정도였다. 운동화와 청바지 차림으로 지내는 자유로운 시간에 익숙해지자 더할 나위 없이 편안했다. 아무것도 신경 쓰지 않고 그저 책상에 앉아 일에만 매진하면 되었기 때문이다.

회사를 설립하고 1년 반이 지나서야 본격적으로 영업을 시작했다. 남성 화장품 회사에서 16년을 보내며 익힌 노하우와 패션 센스가 쉽게 녹슬 리 없었다. 하지만 1년 반이라는 시간 동안 외모를 뒷전으로 한 채 보냈던 습관에서는 좀처럼 빠져나올 수가 없었다. 미팅이 예정된 날은 당연히 빈틈없이 외모에 신경을 썼지만 사무실에서 일하는 날에는 청바지 혹은 아무 옷이나 입고 출근을 했다.

아무렇게나 입어도 상관없는 시간이 계속되던 어느 날이었다. 그날 역시 아무도 만날 리 없다고 자신하며 시내로 쇼핑을 갔던 A씨는 뜻밖의 인물과 딱 마주치고 말았다. A씨가 창업하는 데 전폭적인 지원을 해주었던 어느 회사의 경영자였다. 마땅히 숨을 곳을 찾지 못한 A씨는 "오늘은 마침 사무실에서 일하다가 잠시 물건 좀 사러 나왔는데……"라며 필사적으로 변명을 시작했다. 신사였던 그는 "친근하게 느껴져서 좋네요!"라고 대답해주었지만, 그때만큼 얼굴이 화끈거렸던 순간은 없었다고 한다.

당신의 인상은 평소의 모습을 통해 고착화된다

그 에피소드를 들은 이후 필자는 고객들에게 늘 다음과 같은 점을 강조한다. 외근을 할 때나 내근을 할 때나 매순간 누군가가 자신을 지켜보고 있다는 마음가짐으로 복장과 태도를 바로 갖출 것! 설령 거래처와 만날 약속이 없더라도 회사 안에는 상사와 부하 직원이 있다. 매일매일 축적된 자신의 외모와 인상은 타인에게 그대로 고착된다.

무엇이든 지속하다 보면 그 자체가 힘이 된다. 같은 원리로 지속하지 않으면 아무것도 유지되지 않는다. 고급 헤어숍에서 자신에게 어울리도록 헤어커트를 하고 인상을 새롭게 만들었어도 2, 3개월 방치하다 보면 바로 예전 상태로 되돌아간다.

고급 헤어숍에 지속적으로 다니기가 부담스럽다면, 샘플 사진을 가지고 평소 다니던 미용실에 가서라도 스타일을 유지하려는 노력을 해야 한다. 고급 헤어숍에서 했을 때와 다소 차이가 있을지는 몰라도 지저분하게 자란 머리를 방치하는 것보다는 훨씬 낫다.

또한 자신의 인상에 어울리지 않는 스타일의 옷은 단 한 번이라도 입지 않도록 노력해야 한다. 앞서 몇 번이나 언급했듯이, 잦은 이미지 변신은 비즈니스맨에게는 오히려 악영향을 미친다.

자신의 옷장을 살펴본 결과 가지고 있던 옷을 절반가량 버린 경영자도 있다. 애써 컨설팅을 받고 자신의 이미지를 통일시키려고 애쓰다가 예전에 입던 옷을 입게 되면 모든 것이 물거품이 되기 때문이다.

말하자면 연예 기획사에서 소속 탤런트를 관리하는 규칙과 마찬가지다. 퍼스널 브랜드를 확립하기 위해서는 철저한 실행력과 지속력이 필요하다는 점을 마음속 깊이 새겨두자.

패션 스타일에서 당신의 비즈니스 스타일이 나타난다

온라인 취업 포털 사이트에서 직장인 1,516명을 대상으로 '여름철 직장 내 꼴불견 복장'에 대해 조사했다. 남성의 꼴불견 복장은 '냄새 나는 등 더러운 옷'(45.3퍼센트, 복수응답)이 1위를 차지했다. 그다음으로 '반바지나 트레이닝복'(42.4퍼센트), '꽉 끼거나 너무 커 몸에 맞지 않는 옷'(29.2퍼센트), '과하거나 어울리지 않는 액세서리 착용'(27.6퍼센트), '거의 매일 같은 옷'(23.5퍼센트) 등이 뒤를 이었다.

실제로 재직 중인 회사에 꼴불견 복장으로 근무하는 동료가 있느냐는 질문에는 34.7퍼센트가 '그렇다'라고 답했으며, 이로 인해 부정적인 영향을 받고 있는 것으로 나타났다. 사무실이라고 무신경한 옷차림으로 출근했다가는 인상 관리에 실패할 가능성이 높아질 수 있음을 명심하자. 칼 같은 슈트 차림은 무리더라도, 적어도 구김 없는 깔끔한 셔츠에 청결함을 유지하도록 노력하는 자세에서 그 사람의 비즈니스 스타일도 나타나는 법이다.

52

명품을 두르지 말고
명품처럼 행동하라

유명한 대학에서 MBA를 취득한 스물여덟 살의 지인이 있다. 패션에 관심이 많은 그는 이탈리아제 슈트를 비롯해서 고급 셔츠와 넥타이는 물론 구두까지 고가의 브랜드인 '존 롭'JOHN LOBB을 신는다. 그를 처음 만나는 사람들은 젊은 사람이 어떻게 저런 비싼 제품들을 걸치고 다닐 수 있는지 의아해한다. 일반 기업에서 일하는 20대 비즈니스맨이 100만 원이 넘는 구두를 신고 이탈리아제 고급 슈트를 입고 다니기 때문이었다. 어쩌면 그는 패션을 무척 사랑한 나머지 월급의 대부분을 패션에 쏟아 붓는 것일 수도 있다. 하지만 과연 그의 옷차림은 그에게 긍정적인 이미지를 가져다줬을까?

명품 도배는 패션 테러리스트의 지름길!

인기리에 방영된 미국 드라마 〈섹스 앤 더 시티〉나 영화 〈악마는 프라다를 입는다〉는 그 내용만큼이나 화려한 볼거리로 여성들의 마음을 흡족하게 해주었다. 영화 안에 등장하는 주인공들은 카드빚은 염두

에도 없다는 듯이 고가의 명품들을 아무렇지 않게 구입한다.

'L세대'Luxury Generation, 일명 명품족이라고 불리는 이들은 영화 밖에도 존재한다. 그런데 일부 부유층에 한정되었던 이 명품에 열광하는 풍토가 2000년대에 들어와 일반인들에게까지 확대되기 시작했다. 명품을 사기 위해 아르바이트를 하거나 계를 조직하기도 하고, 명품을 싸게 구입하기 위해 해외여행도 불사한다고 한다.

물론 필자 역시 명품의 가치를 인정한다. 명품은 각 브랜드의 기술이 집약된 예술품과도 같다. 그래서 고가 브랜드의 제품을 보고 있으면 그 안에 담긴 장인정신이 느껴지는 듯해 기분이 좋아진다.

하지만 앞서 말한 지인처럼 과한 명품 사랑은 지양해야 한다. 길거리를 다니다 보면 머리끝부터 발끝까지 한 브랜드의 제품으로 도배한 사람을 종종 만나게 된다. 그 모습은 결코 고급스러워 보이지 않으며, 오히려 명품의 가치를 하락시키는 악효과를 낳는다. '넘치면 모자라는 것만 못하다'라는 말을 명심하고 명품 활용에 주의를 기울이도록 하자.

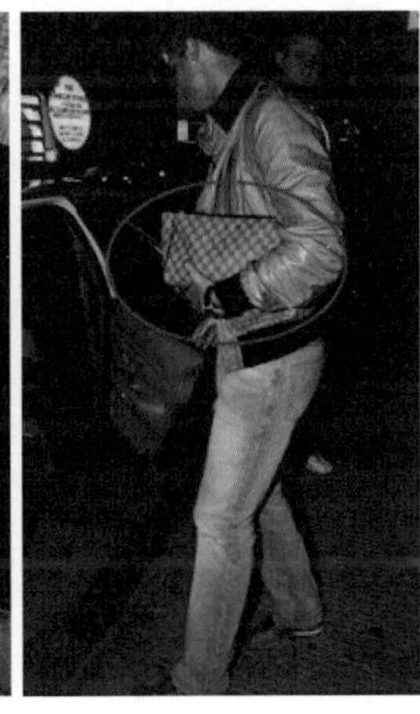

명품 사용의 잘못된 예시. 명품은 포인트로 한두 가지 정도만 패션에 활용하는 것이 좋다.

이미지 연출의 비결은 내면과 외면의 조화

최근 한 커뮤니티 조사 결과에 따르면 남성 열 명 중에서 네 명 이상이 성형 수술을 했거나 하고 싶다고 답했다. 요즘은 남성도 꾸며야 하는 시대라고는 하지만 이건 좀 과하지 않나 싶다.

필자는 백발이 되어도 염색을 하지 않고 그 흰머리를 돋보이도록 하는 헤어스타일을 연출하거나, 머리숱이 적어도 가발에 의존하지 않고 차라리 깔끔하게 머리를 미는 방식이 보기 좋다고 주장해왔다. 때문에 인공적인 이미지 연출법인 미용 성형은 그다지 바람직하게 느껴지지 않는다. 현재의 자연스러운 모습을 있는 그대로 받아들이고, 그 모습을 긍정적으로 활용할 수 있는 방법을 모색하는 것이 왕도라 믿는다.

인간에게는 제각각 '자아'가 존재한다. 그 때문에 맞지 않는 옷을 입고 타인 앞에 서면 왠지 마음이 안정되지 않는다. 지나치게 차려 입었든, 지나치게 볼품없이 입었든 마찬가지다. 모처럼 지나치게 차려 입었는데 내면은

내면은 가꾸지 않고 외면에만 집착하다 보면 상실감에 빠지기 쉽다. 그림은 백설공주의 미모를 시기해서 거울에게 끊임없이 누가 더 예쁜지를 묻는 왕비.

그에 걸맞지 않는다면 본인 스스로가 불안해지고, 오히려 상실감에 빠질 수도 있다.

인간의 내면과 외면은 수레바퀴처럼 나란히 함께 성장해야 한다. 따라서 현재 자기 내면의 강점과 약점을 제대로 파악하고 타인의 눈에는 그것이 어떻게 비치는지를 객관적으로 파악해보자. 그리고 자신은 어떠한 모습이 되고 싶은지, 어떻게 보이고 싶은지 방향성과 목표를 설정해보자. 그 목표에 맞추어 자신의 외면을 관리하며 한 걸음씩 나아가는 것이 현명한 인상 관리의 노하우다.

Appendix. Style Keyword 32

재킷의 종류

1

이튼재킷(Eton Jacket)

영국의 이튼 칼리지의 제복 등에서 유래한 재킷으로 연미복에서 꼬리를 잘라낸 듯한, 길이가 짧은 재킷.

2

스모킹재킷(Smoking Jacket)

지금은 주로 약식의 턱시도를 의미하나, 19세기 이전에는 담배를 피울 때 입는 기장이 짧은 웃옷을 가리켰다.

3

노퍽재킷(Norfolk Jacket)

등과 가슴에 주름이 있고, 허리 벨트가 달린 남성용 상의. 주로 니커보커스 바지와 매치한다.

4

블레이저(Blazer)

블레이저코트라고도 하며, 아웃포켓이 있는 신사복형의 재킷이다. 네이비 컬러에 금단추가 달린 형태가 전통적인 스타일이다.

5

리퍼(Reefer)

리퍼는 '돛을 감아올리는 사람'이라는 뜻으로 해군 사관생을 속칭하는 말이다. 그들의 제복인 두 줄 단추가 달린 재킷스타일을 총칭한다.

6

럼버재킷(Lumber Jacket)

북미나 캐나다의 목재 채벌꾼이 즐겨 착용하는 점퍼풍의 재킷. 격자무늬가 들어간 두터운 천 등으로 만들어진다.

7

다운재킷(Down Jacket)

다운이란 '새의 솜털'을 뜻하는 말로 이 깃털을 넣고 만든 재킷을 다운재킷이라 총칭한다. 털의 종류에 따라 구스다운 재킷(거위 털 재킷), 덕다운 재킷(오리 털 재킷) 등으로 구분된다.

8

아노락(Anorak)

후드가 달린 방한용 상의. 주로 스키복이나 등산복에 활용되는 디자인이다.

셔츠의 종류

9

화이트 셔츠(White Shirt)

가장 기본으로 활용되는 셔츠로 칼라와 커프스 형태는 취향에 맞게 변화시킬 수 있다.

10

폴로 셔츠(Polo Shirt)

칼라가 달린 반소매의 셔츠로 단추가 두세 개 정도 달려 있으며 여러 용도로 활용된다.

11

오픈 셔츠(Open Shirt)

오픈 칼라가 달린 셔츠로 스포츠용 또는 여름용 셔츠로 활용된다.

12

티 셔츠(T Shirt)

칼라와 단추가 없고 어깨선이 일직선으로 된 모양의 셔츠다.

13

아이비 셔츠(Ivy Shirt)

미국 동부의 8개 대학(아이비리그)으로 통칭되는 학생들이 즐겨 입었던 셔츠 스타일. 칼라가 길고 뾰족하며 끝단을 단추로 채우는 형태가 특징이다.

14

알로하 셔츠(Aloha Shirt)

화려한 색채를 쓰고 대담한 무늬의 옷감으로 만든 셔츠로 주로 피서지 등에서 착용한다. 하와이 남자들이 즐겨 입기 시작하면서 대중화되었다.

15

러프라이더 셔츠(Roughrider Shirt)

스탠드 칼라에 가슴 양쪽에 뚜껑 달린 주머니가 있고 어깨에는 견장이 있다. 앞 단추로 여미는 방식이다.

16

러닝 셔츠(Running Shirt)

남자들이 육상 경기용으로 입었던 소매가 없고 목이 깊이 팬 스포츠 셔츠. 요즘은 남자의 속옷으로 주로 사용된다.

팬츠의 종류

17

버뮤다 쇼츠(Bermuda Shorts)

무릎이 보일 정도의 길이로 된 팬츠를 말한다. 휴양지인 버뮤다 제도의 이름에서 유래했다.

18

니커보커스(Knickerbockers)

무릎까지 오는 품이 넉넉한 서양식 바지. 니커스라고도 한다. 스포츠, 등산용으로 많이 활용된다.

19

페달 푸셔(Pedal Pusher)

자전거를 탈 때 입는 바지. 페달을 밟기 쉽도록 바지 길이는 무릎까지이고 전체적으로 통을 얇게 만든다.

20

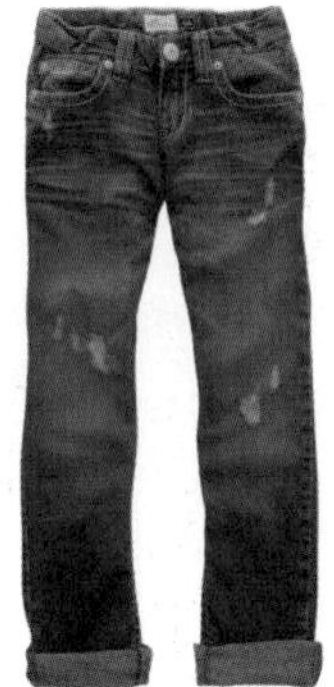

진(Jean)

내구성이 강하게 만들어진 바지. 미국에서 작업복으로 입던 옷이 유행하여 전파된 것으로 변형된 디자인이 많다.

21

점프 슈트(Jump Suit)

항공복의 일종을 의미했으나 1960년대 후반부터 의복에 도입되어 상의와 팬츠가 하나로 이어진 옷을 가리키는 말이 되었다. 최근에는 남성복에도 활용되는 디자인이다.

22

멜빵바지(High-back overalls)

어깨끈과 가슴을 덮는 부분으로 이루어진 바지. 여성복, 아동복, 남성복 등에 두루 활용되는 디자인이다.

23

슬랙스(Slacks)

'느슨하다'는 뜻의 형용사인 슬랙(Slack)에서 따온 이름으로 헐렁한 바지나 군대용 작업 바지를 슬랙스라고 불렀다. 현재 남녀노소 불문하고 활용되는 바지다.

24

카고바지(Cargo Pants)

다리에 건빵 모양의 주머니가 달려 있어 '건빵 바지'라고 불리기도 한다. '카고'는 영어로 '화물'이라는 뜻으로 화물선 승무원의 작업복에서 유래했다.

가방의 종류

25

포트폴리오(Portfolio)

손잡이가 없는 것이 특징인 가방. 손에 쥐거나 팔과 몸 사이에 끼어서 든다.

26

폴리오케이스(Folio Case)

포트폴리오에 손잡이가 달린 가장 기본 스타일의 서류 가방. 슈트 차림에 제일 잘 어울리는 가방이다.

27

아타셰케이스(Attache Case)

옆면이 딱딱하고 무늬 없이 작고 튼튼하게 만든 가방. 서류를 운반하는 데 적합한 형태의 가방이다.

28

토트백(Tote Bag)

손에 들고 다닐 수 있는 핸드백으로 원형은 쇼핑용 페이퍼백과 같이 상단이 트이고 두 개의 손잡이가 달려 있다.

29

메신저백(Messenger Bag)

캐주얼한 스타일의 가방으로 슈트 차림일 때는 메신저백을 대각선으로 가로매는 것은 피해야 한다.

30

데이팩(Day Pack)

미국 학생들이 캠퍼스와 야외 활동에서 사용한 것이 효시가 되었다. 여닫기가 편하며 수납공간이 커서 등산용으로 많이 쓰인다.

31

프레임팩(Frame Pack)

1960년대 미국에서 성행하던 백패킹과 함께 널리 보급되었다. 알루미늄 프레임이 부착되어 있어 짐 꾸리기가 쉽고 배낭을 분리할 수 있다.

32

룩색(Rucksack)

가방 바깥쪽에 두 개 이상의 포켓이 있는 큰 가방. 등산, 스키, 캠프 등에 활용되는 배낭으로 각각의 용도에 따라 다양한 디자인이 있다.